Bärbel Amerein, Kurt Amerein

Qualitätsmanagement

in Arbeitsfeldern der Frühen Bildung

1. Auflage

Bestellnummer 50640

Haben Sie Anregungen oder Kritikpunkte zu diesem Produkt?
Dann senden Sie eine E-Mail an 50640_001@bv-1.de
Autoren und Verlag freuen sich auf Ihre Rückmeldung.

www.bildungsverlag1.de

Bildungsverlag EINS GmbH
Hansestraße 115, 51149 Köln

ISBN 978-3-427-**50640**-9

Inhaltsverzeichnis

Vorwort

Vorliegendes Buch erhebt den Anspruch die Vielzahl existierender Qualitätsliteratur bewertend zu komprimieren und mit praxiserprobten Werkzeugen und Methoden so zu synthetisieren, dass es zugleich als „Roter Faden" und auch als „Alltagstaugliche Praxisanleitung" für Frühpädagogen[1] dienen kann. Qualitätsmanagement ist ein „never ending process", der den alltäglichen und selbstverständlichen Einsatz geeigneter Vorgehensweisen erfordert. Besonders erwähnenswert sind in diesem Zusammenhang einige Methoden und Werkzeuge, die im sozialpädagogischen Bereich bislang eher unbekannt sind. Ihr Einsatz in erfolgreichen Wirtschaftsunternehmen regt jedoch dazu an, ihre Vorteile auch hier nutzbar zu machen.

Tageseinrichtungen für Kinder dürfen ihren Auftrag nicht darin sehen, die Grundschulzeit um entsprechende Jahre zu verlängern noch dürfen sie primär als „Aufbewahrungseinrichtung" für Kleinkinder berufstätiger Eltern dienen. Ihr Hauptauftrag besteht darin, notwendige Grundlagen in sämtlichen entwicklungspsychologischen Bereichen zu schaffen sowie die Kreativitätsperformance jedes einzelnen Kindes zu erfassen und entsprechend individuell zu fördern.

Die erfolgreiche Einführung eines QM-Systems stellt dabei nur einen, wenn auch wichtigen ersten Meilenstein im bereits erwähnten kontinuierlichen Verbesserungsprozess dar. Durch das Qualitätsmanagement-System werden Werte, Ziele, Prozesse, Regelungen und Verfahren schriftlich fixiert, transparent und überprüfbar gestaltet. Dadurch entsteht eine hohe Verbindlichkeit. Kontinuierliche Verbesserungen im Sinne einer zielorientierten Weiterentwicklung sind hierdurch aber für die Zeit „nach einer möglichen Zertifizierung" nicht gegeben. Die Leitmaxime von Philipp Rosenthal (1916–2001) „wer aufhört, besser zu werden, hat aufgehört, gut zu sein", zeigt leicht verständlich die Intention des, dem QM zugrunde liegenden, kontinuierlichen Verbesserungsprozesses auf.

Um dieses Anliegen in der Praxis tatsächlich ideen- und abwechslungsreich sowie den unterschiedlichen thematischen Anforderungen gemäß umsetzen zu können ist fundiertes Wissen, ausreichend Motivation und Kreativität erforderlich. Das vorliegende Buch möchte ein gleichermaßen kompakter und umfassender wie auch alltagstauglicher Wissensgeber für Qualitätsmanagement in Kindertageseinrichtungen sein, damit eine verantwortungsvolle und prozessorientierte Umsetzung praktiziert werden kann. Zur Förderung von Kreativität und Motivation haben wir stellvertretend verschiedene Tangrams (Kreativität) und Demings Managementregeln (Motivation) in die Texte eingestreut.

---

[1] *Aus Gründen der besseren Lesbarkeit wird im Folgenden nur die männliche Berufsbezeichnung benutzt. Gleichzeitig sind selbstverständlich auch immer alle weiblichen Tätigen in diesem Berufsfeld mit angesprochen.*

Das oberste Ziel, das wir verfolgen, ist die ständige Verbesserung unserer angebotenen Dienstleistung.

Deming (Regel 1)

Tangram ist der Name eines alten chinesischen Legespiels, das vermutlich zwischen dem 8. und 4. Jahrhundert vor Christus entstand. Der Legende nach beauftragte ein Mönch einst seinen Schüler zu reisen, um die Essenz der vielfältigen Schönheit der Welt auf nur eine Keramiktafel zu malen. Unglücklicherweise zerbrach die Tafel in sieben Teile, und der Schüler konnte sie nicht mehr zu einem Viereck zusammenlegen. Er versuchte es tagelang. Unendlich viele Muster und Bilder entstanden. Am Ende verstand der Schüler: Er muss nicht in die Welt hinaus reisen, er kann die Schönheit und Vielfalt der Welt ganz einfach in den sieben Teilen der zerbrochenen Tafel wiederfinden. Tangram besteht also aus sieben Teilen mit denen sich unendlich viele Figuren legen lassen. Die eigentlich viel zu groben und abstrakten Formen des Tangram werden durch Wahrnehmungsprozesse in unserem Gehirn mit bekannten Umrissen und Formen in Verbindung gebracht. So werden logisches Denken und insbesondere die Kreativität der Spieler geschult und gefördert.

Der Amerikaner **William Edwards Deming** (1900–1993) entwickelte 1950 einen modellhaften, prozessorientierten Ansatz zur qualitätsorientierten Unternehmensführung. Seine Managementregeln sind heute - über 60 Jahre später - noch genau so aktuell. Vielleicht kann die eine oder andere der insgesamt vierzehn Regeln auch als Diskussionsgrundlage im Seminar oder Unterricht dienen.

Zu den Autoren

Bärbel Amerein, Diplom-Pädagogin (geb. 1979) ist akademische Mitarbeiterin (Doktorandin) am Institut für Frühe Bildung an der Pädagogischen Hochschule Schwäbisch Gmünd, sowie Dozentin für Qualitätsmanagement an der Fachakademie für Sozialpädagogik Maria Stern in Nördlingen und Mitglied der Deutschen Gesellschaft für Qualität (DGQ).

Kurt Amerein, Diplom-Ingenieur (geb. 1946) war bis zu seiner Pensionierung Leiter des Qualitätsmanagements eines weltbekannten Wirtschaftsunternehmens.

Danksagung

Wir danken Schwester M. Barbara Bögelein, Leiterin des Schülerhorts des Theresia-Gerhardinger-Hauses mit Kinderkrippe, Kindergarten und Schülerhort in Neunburg vorm Wald unter Trägerschaft des Provinzialats der Armen Schulschwestern v. U. L. F. r. München, die uns ihr Trägerleitbild, Konzeption und Fotos zur Verfügung stellte. Ebenso Frau Marlies Biedenkap, Leiterin des Montessori-Kinderhauses Sonnenkäfer in Löpsingen, sowie dem

Träger Pfarrer Jochen Maier, die Einblicke in den Alltag einer Montessori-Einrichtung gewährten und ihre Zertifizierungsunterlagen zur Erlangung des Montessori Qualitäts-Siegels (MQS) bereitstellten. Dipl.-Päd. Carolin Buchberger für die künstlerische Ausgestaltung der Tangram-Figuren sowie den Studierenden der Fachakademie für Sozialpädagogik Maria Stern in Nördlingen für die Bereitschaft sich während einiger Seminare fotografieren zu lassen.

Letztlich gilt unser Dank auch Irmgard Amerein, die uns während dieses Projekts oft den Rücken freihielt und uns immer wieder unterstützte.

Aalen im Januar 2011, Bärbel und Kurt Amerein

Abkürzungsverzeichnis

AWO	Arbeiterwohlfahrt
BIP	Bruttoinlandsprodukt
BMBF	Bundesministerium für Bildung und Forschung
BMFSFJ	Bundesministerium für Familie, Senioren, Frauen und Jugend
DIN	Deutsches Institut für Normen
DMG	Deutsche Montessori Gesellschaft
EFQM	European Foundation for Quality Management
EN	Europäische Norm
EQ & RQ	Einrichtungs- und Raumqualität
FMEA	Failure Mode and Effect Analysis
FQ	Förderung von Qualität
GQ	Qualitative Grundorientierung
IGLU	Internationale Grundschul-Lese-Untersuchung
ISO	International Organisation for Standardisation
KES-R	Kindergarten- Einschätz-Skala (Revidierte Fassung)
KiföG	Kinderförderungsgesetz
Kita	Kindertageseinrichtung
KJHG	Kinder- und Jugendhilfegesetzbuch
KNQ	Kosten- Nutzen- Qualität
KTK	Katholische Tageseinrichtungen für Kinder
KVP	Kontinuierlicher Verbesserungsprozess
LQ	Leitungsqualität
MQS	Montessori Qualitäts-Siegel
NQI	Nationale Qualitätsinitiative im System Tageseinrichtungen für Kinder
OECD	Organisation for Economic Co-operation and Development
PDCA	Plan-Do-Check-Act
PISA	Programme for International Student Assessment
PPQ	Programm- und Prozessqualität
PQ	Personalqualität
QFD	Quality Function Deployment
QM	Qualitätsmanagement
TAG	Tagesbetreuungsausbaugesetz
TIMSS	Third International Mathematics and Science Study
TQ	Trägerqualität
TQM	Total Quality Management

1 Einführung

1.1 Was ist Qualität?

Qualität – ein Begriff der häufig, sogar fast schon inflationär verwendet wird. Generell wird sehr viel Wert auf qualitativ Hochwertiges gelegt: beim Kauf von Produkten, hinsichtlich der geleisteten Arbeit, oder bei der Erfüllung verschiedener Aufgaben und Projekte. Doch was bedeutet das Wort überhaupt und woher stammt es? Die etymologische[1] Bedeutung des Wortes Qualität finden wir im Lateinischen „qualis" – zu Deutsch „beschaffen". Frei übersetzt wird also in sämtlichen Bereichen stets auf eine gute Beschaffenheit geachtet.

Das Konstrukt Qualität ist keine neue Begrifflichkeit, sondern existierte schon zu Zeiten Aristoteles. Er benutzte den Qualitätsbegriff um eine Verfassung zu entwerfen, die aufzeigen sollte, wer im Land die Herrschaft übernehmen konnte. Eine Verfassung war für Aristoteles dann angebracht, wenn die Mehrheit über die Minderheit in der damaligen Gesellschaft siegte, und dadurch eine gewisse Stärke repräsentierte. Jene kann dann erreicht werden, wenn sowohl Bildung, als auch Reichtum und freie Geburt vorliegen. Der Begriff Qualität existiert somit in quantitativer und qualitativer Form und ist an die jeweilige Gesellschaftsschicht gebunden. Der Qualitätsbegriff von Aristoteles macht deutlich, dass bereits zu früheren Zeiten Qualitätskriterien entworfen wurden, die es möglich machten, zwischen guter und schlechter Qualität zu unterscheiden.

Definition
Qualität meint die Gesamtheit von Eigenschaften und Merkmalen eines Produktes, im sozialpädagogischen Bereich einer Dienstleistung, die dergestalt angelegt sein müssen, dass sie Aspekte, welche bereits im Voraus festgelegt oder gegeben sind, erfüllen müssen.

Bei Dienstleistungen – in unserem speziellen Fall Humandienstleistungen – handelt es sich um Dienstleistungen unmittelbar von Menschen an Menschen zu denen u. a. die Elementarpädagogik und Sozialpädagogik gehören. Die Beurteilung der Qualität hängt in erster Linie von den individuellen Erfahrungen, Erwartungen, Voraussetzungen, Gegebenheiten und Möglichkeiten der Leistungsempfänger ab.

In der Pädagogik kristallisierten sich unterschiedliche Ansätze heraus, die verschiedene Herangehensweisen bevorzugen. Der Begriff Qualität kann subjekt- oder objektbezogen sein. Die Unterscheidung definiert sich dadurch, dass Qualität entweder durch einen Betrachter beurteilt wird (subjektbezogen) oder sich auf ein Objekt bezieht (objektbezogen). Bei der objektbezogenen Betrachtung werden Qualitätskriterien, wie z. B. Raumgröße und Personalschlüssel geschaffen, die eine einheitliche

Hausaufgabenbetreuung im Schülerhort des Theresia Gerhardinger Hauses.

[1] *Die Etymologie (von griech. étymos: wahrhaftig, echt) ist ein Wissenschaftszweig, der die Herkunft und Bedeutung von Worten ergründet.*

Überprüfbarkeit von Qualität ermöglichen sollen. So wird ermöglicht, dass verschiedene Betrachter zum selben Ergebnis kommen. Subjektive Qualität hingegen entzieht sich der Überprüfbarkeit, da sie an persönliche Wertungen in Bezug zu objektiv überprüfbaren Merkmalen gebunden ist. Die Beurteilung der Qualität erfolgt oftmals durch beide Elemente, die sich gegenseitig beeinflussen können. Subjektbezogene Beurteilung birgt immer die Gefahr, dass die zu beurteilenden Objekte im Kontext eigener Erfahrungs- und Interessenskomplexe gesehen werden. Außerdem sind subjektbezogene Beobachtungen nicht objektiv, da verschiedene Betrachter zu unterschiedlichen Ergebnissen kommen würden. Somit liegt Qualität oftmals auch im Auge des Betrachters, auch wenn klare objektbezogene Beurteilungskriterien vorhanden sind.

Die Qualitätsmodelle nach Garvin und Donabedian

Zur Veranschaulichung des Qualitätsbegriffes im Dienstleistungsbereich wird gerne auf die Modelle nach David A. Garvin (1984) und Avedis Donabedian (1980) verwiesen:

David A. Garvin teilte den sehr komplexen Inhalt „Qualität" in **6 Teilqualitäten** auf:

1. Absolute Qualität (höchstmögliche Güte einer Dienstleistung oder eines Produktes)
2. Produktqualität (technischer Ansatz)
3. Qualität für den Kunden (rein kundensubjektive Bewertung)
4. Herstellungsqualität (Einhaltung von Qualitätsstandards)
5. Qualität als Wert (Preis- Leistungsverhältnis)
6. Mitarbeiterqualität (Wissen, Motivation, Einflussmöglichkeit)

Avedis Donabedian versuchte den Qualitätsbegriff von seiner Subjektivität zu befreien. Bedingt durch die verschiedenen Beteiligungsgruppen (Eltern, Kinder, Erzieher, Leitungskräfte, Träger, Gesellschaft) bestehen unterschiedliche Interessen, Sichtweisen und Bedürfnisse. Deshalb wäre es gewagt, den Qualitätsbegriff in eine allgemeingültige Definition zu kleiden. Donabedian entwickelte zunächst ein Phasenmodell für die Anwendung im medizinischen Bereich. Dieses Phasenmodell fand auch im Bereich der Frühpädagogik mehr und mehr Beachtung und kann heute durchaus als Standard gelten.

Das Phasenmodell teilt die Qualität in **drei** unterschiedliche **Qualitätsebenen** ein:

- **Strukturqualität**: hierzu gehört im Wesentlichen die materielle und personelle Ausstattung einer Einrichtung, ebenso wie Größe und Organisation der Gruppen, Räume und Ausstattung oder die Qualifikation des pädagogischen Personals. Daneben hängt sie von Verwaltungs- und Rechtsvorschriften ab wie etwa dem Erzieher-Kind-Schlüssel. Die Strukturqualität in einer Einrichtung nimmt einen wesentlichen Einfluss auf die Qualitätsentwicklung der Kinderbetreuung (vgl. Textor, 2000). Durch eine geringe Anzahl der Kinder in der Einrichtung und einem hohen Personalschlüssel bzw. Anstellungsschlüssel können die pädagogischen Fachkräfte individuell auf die Kinder eingehen und sie somit besser in ihrer geistigen, emotionalen und sozialen Entwicklung unterstützen.

- **Prozessqualität**: beinhaltet die Beherrschung aller relevanten Prozesse angefangen von der Planung von Bildungsinhalten bis hin zur Auswahl entwicklungsspezifischer Materialien in einer geeigneten Umgebung. Ein professionelles Agieren und Reagieren der Fachkräfte auf situative Bedingungen ist genauso wichtig wie ein reflexives Bewältigen pädagogischer Situationen im Alltag. Doch es geht nicht nur um Interaktionen zwischen allen am Einrichtungsgeschehen beteiligten Personen (Kinder, Erzieher, Eltern, Kooperationspartner etc.), sondern auch um Effektivität und Effizienz von Abläufen. Tietze und Viernickel (2003) beschreiben mit Effizienz die Wirtschaftlichkeit der genutzten Ressourcen und untersuchen, ob nicht durch einen geringeren Einsatz derer dieselbe Qualität erlangt werden kann. Im Aspekt der Effektivität werden die Umsetzung gesetzlicher Richtlinien nach dem KJHG (Kinder- und Jugendhilfegesetz[1]) und die Ausführung von Konzeptionsvorschriften des Trägers oder der Einrichtung angesprochen. Diese sollen auf ihr Erreichen hin überprüft und Optimierungen unterzogen werden.

Entwicklungsspezifische Materialien können auch aus Mehl, Wasser oder Nüssen bestehen.

- **Orientierungsqualität**: beinhaltet Faktoren, die das pädagogische Handeln wesentlich bestimmen, wie etwa das Menschenbild sowie das Bild vom Kind, pädagogische Vorstellungen, Überzeugungen, kulturelle Werte und Normen. Also Merkmale, die Erzieher im Verlauf ihrer allgemeinen und beruflichen Sozialisation erwerben. Je nach Erfahrung ergeben sich unterschiedliche individuelle Ansichten in Bezug auf das Bild vom Kind und die zu übermittelnden Werte. Diese Tatsache beeinflusst die Arbeit in einer Kindertageseinrichtung wesentlich. Das Bild vom Kind kann das Verständnis vom eigenständigen Subjekt enthalten, das zu Autonomie und Selbstbestimmung herangezogen wird, oder das Kind als „hilfsbedürftiges" Wesen ansehen. Aufgrund individueller Erfahrungen ist eine einheitliche Orientierungsqualität fast nicht zu erreichen. Sie bezieht sich nicht nur auf Werte und Normen, sondern auch auf erzieherische Wirkungen, Wissen und Fertigkeiten der pädagogischen Fachkraft. Eine weitere Problematik besteht darin, dass bei der Messung von Orientierungsqualität zwischen „Outcome" und „Output" unterschieden werden

Kinder beim gemeinsamen musizieren

[1] *Sozialgesetzbuch (SGB) – Achtes Buch (VIII) – Kinder- und Jugendhilfe.*

muss (vgl. Kruthaup, 2004). Unter „Output" versteht Kruthaup (2004) Angebote der Kindertageseinrichtung. Hierunter fällt z. B. die musikalische Schulung der Kinder.

Mit Beginn der PISA-Debatte im Jahr 2000 kamen die Kindergärten unter Druck, immer neue Aktivitäten zu schaffen bzw. anzubieten. Mittlerweile ist die Auswahl in vielen Kindertageseinrichtungen beträchtlich. Letztendlich bleibt die Frage, ob diese Vielzahl an Angeboten in guter Qualität an die Kinder herangeführt wird.
Der sogenannte „Outcome" stellt die Wirkung von unterschiedlichen Interaktionen und Erfahrungen dar, die durch „Input" ermöglicht werden sollen (vgl. Honig u.a., 2004). Dieser „Outcome" ist letztendlich das, was das Kind für sich aus dem „Input", also der Vielzahl an Informationen, für wichtig empfunden hat und nach außen wiedergeben kann. Die Schwierigkeit besteht darin, eine Beziehung zwischen dem Ergebnis und der Intervention herzustellen und dadurch pädagogische Orientierungsqualität abzuleiten.

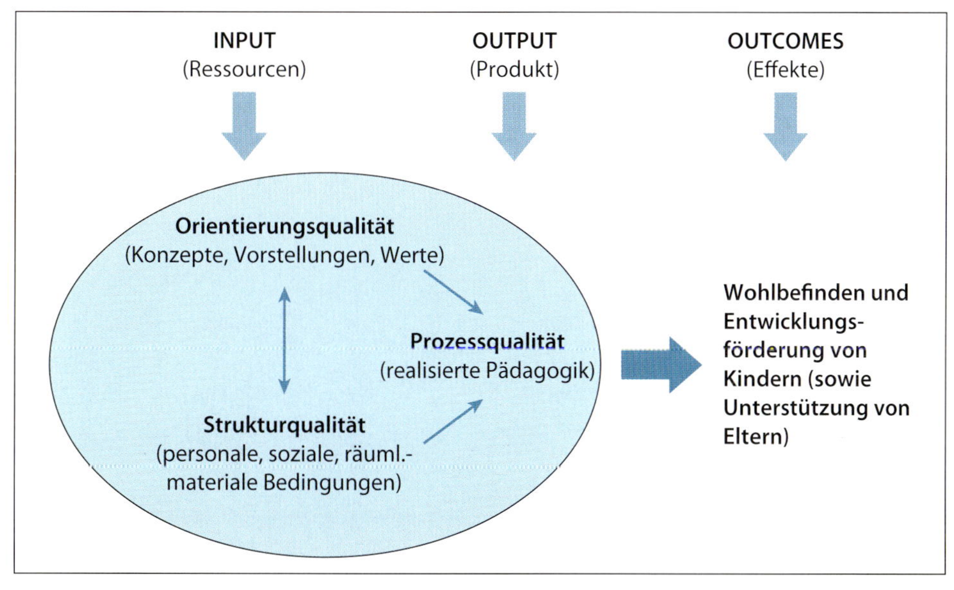

Unterschiedliche Qualitätsdimensionen (Diller u.a., 2005)

In unterschiedlicher Literatur wird manchmal der Begriff „Qualitätsdimension" anstelle von „Qualitätsebene" verwendet. Einher geht damit die Verwendung des Begriffes „Ergebnisqualität" entweder anstelle von „Orientierungsqualität" oder auch in Ergänzung dazu. Sie beschäftigt sich mit den Ergebnissen von Prozessketten. Dabei werden die erbrachten Leistungen (Ist) mit einem festgesetzten Standard (Soll) verglichen. Diese Veränderungen können jedoch sowohl durch objektive und geplante Faktoren als auch durch nichtbeobachtbare Ereignisse beeinflusst werden. Zu bedenken ist folglich, dass die Ergebnisqualität in der Regel eine mehrfaktorielle Größe sein wird und deshalb weder der Veranschaulichung noch einer sonstigen Verwendung dient.

Merksatz
Die Qualitätsmodelle nach David Garvin und Avedis Donabedian sind in unterschiedlichem Umfang in den heute gültigen Modellen des Qualitätsmanagements berücksichtigt (DIN EN ISO, TQM, EFQM).
Insbesondere das Qualitätsmodell nach Donabedian mit seinen drei Qualitätsebenen Strukturqualität, Prozessqualität und Orientierungsqualität fand starke Berücksichtigung bei der Erstellung des Nationalen Kriterienkataloges (siehe Kapitel 3.2).

Drei Qualitätsbegriffe nach Fthenakis

Auch Wassilios E. Fthenakis widmet sich der Definition von Qualität und unterscheidet dabei drei Qualitätsperspektiven: das relativistische, das dynamische und das strukturell-prozessuale Konstrukt.

Das relativistische Konstrukt

Eine relativistische Ansicht umfasst den Ausgleich verschiedener Bedürfnisse und Überzeugungen, die aus unterschiedlichen Gruppen, wie z. B. der Familie, den Kindern oder der Gesellschaft stammen. Demnach ist Qualität kein festgelegtes Konstrukt, sondern muss im Zusammenhang mit gesellschaftlichen Strukturen gesehen werden.

Die Messung von Erziehungsqualität unterscheidet dabei zwischen fünf Perspektiven:

1. Die Oben-Unten-Perspektive
2. Die Unten-Oben-Perspektive
3. Die Außen-Innen-Perspektive
4. Die Innen-Perspektive
5. Die Außen-Perspektive

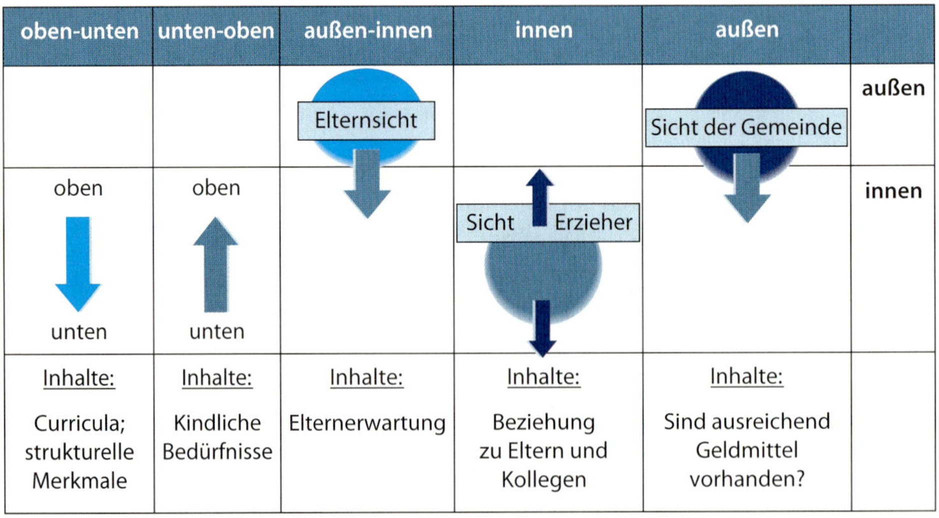

oben-unten	unten-oben	außen-innen	innen	außen	
		Elternsicht		Sicht der Gemeinde	**außen**
oben ↓ unten	oben ↑ unten		Sicht Erzieher		**innen**
Inhalte: Curricula; strukturelle Merkmale	Inhalte: Kindliche Bedürfnisse	Inhalte: Elternerwartung	Inhalte: Beziehung zu Eltern und Kollegen	Inhalte: Sind ausreichend Geldmittel vorhanden?	

Fünf Perspektiven zur Qualitätsbestimmung von Katz 1996 (vgl. Roux, 2002)

Bei diesem Ansatz werden die vielseitigen Sichtweisen in den zentralen Mittelpunkt der Qualitätsfestlegung gesetzt. Qualität entsteht durch Wünsche, Bedürfnisse und Ansichten einer Interessengruppe, die reflektiert und durch wissenschaftliche Erkenntnisse ergänzt werden. Die „Oben-Unten-Perspektive" beschäftigt sich mit der Identifikation von Qualitätsmerkmalen, die z. B. das Personal und die Raumgröße betreffen. In der „Unten-Oben-Ansicht" wird das Kind mit seinen Bedürfnissen in den zentralen Mittelpunkt gesetzt. Dabei steht folgende Frage im Blickfeld: „Wie fühlt sich das Kind in der Einrichtung?". Die „Außen-Innen-Perspektive" beschäftigt sich mit der Sichtweise und den Wünschen der Eltern. Die „Innen-Ansicht" setzt sich mit den pädagogischen Mitarbeitern und deren Ansichten in Bezug zur Einrichtung auseinander. Die letzte Ansicht, die „Außen-Perspektive", beschäftigt sich mit der Frage, wie die Einrichtung der Gesellschaft und der Gemeinde dienen kann.

Fazit
Praktisch gesehen, muss beim relativistischen Konstrukt zwischen verschiedenen gesellschaftlichen Zielen abgewogen werden. Somit bedeutet die Realisierung eines Zieles oft auch die Einsparung eines anderen. Zusätzlich ist zu beachten, dass der Qualitätsbegriff einem gesellschaftlichen Wandel unterliegt und sich dynamisch verändert. Außerdem kommt es innerhalb solcher relativistischen Konstrukte häufiger zu Interessenskonflikten, da unterschiedliche Gruppierungen verschiedene Bedürfnisse haben.

Das dynamische Konstrukt

Nach Fthenakis grenzt sich das dynamische Konstrukt durch seinen beweglichen Charakter stark vom relativistischen Konstrukt ab. Das bedeutet, dass der Begriff Qualität keine festgesetzte Größe ist, sondern einem fortlaufenden Wandel der Gesellschaft und der einzelnen Generationen unterzogen ist. Als Beispiel für ein dynamisches Konstrukt können die drei Grundprinzipien der Pädagogik, nämlich Bildung, Betreuung und Erziehung, angeführt werden. Galt Bildung früher als Wissensvermittlung bei der die Kinder bloße Rezipienten waren, wird der Bildungsprozess heute als „Ko-konstruktueller Prozess" verstanden, in dem das Kind eine eigenständige und autonome Person ist, die sich aktiv mit ihrer Umwelt auseinandersetzt. Somit wird der Begriff Qualität ständig neu ausgehandelt, wobei die Bestimmung von Qualität einem langen Prozess unterzogen ist und kontinuierlich fortläuft. Doch Qualität darf nicht nur aus einer subjektiven Perspektive gesehen werden. Folgt man dem dynamischen Konstrukt, wäre Qualität lediglich vom Betrachter selbst abhängig und somit nicht vergleichbar. Innerhalb unterschiedlicher Kindertageseinrichtungen würden verschiedene Maßstäbe für Qualität gelten. Letztendlich ist es jedoch fraglich, ob Qualität in verschiedenen Kindertagesstätten auf einen vergleichbaren Stand gebracht werden kann. In den einzelnen Einrichtungen beeinflussen schließlich unterschiedliche Gegebenheiten, wie z. B. Anzahl der Kinder, Personal und Raumausstattung die Qualität. Diese Faktoren könnten aber dadurch kompensiert werden, dass einheitliche Vorschriften gelten, die eventuell zu einer Verbesserung der Qualität führen würden.

Fazit
Arbeit in unterschiedlichen Kitas muss vergleichbar sein und sollte nicht überwiegend durch individuelle Ausstattungsmerkmale der Einrichtungen oder Ansichten des Fachpersonals beeinflusst werden. Deshalb wird Qualität nicht eindimensional, sondern vielmehr als mehrdimensionales und strukturell-prozessuales Konstrukt gesehen. Es bindet unterschiedliche Sichtweisen von Qualität ein, wie das strukturell-prozessuale Konstrukt zeigt.

Das strukturell-prozessuale Konstrukt

Strukturell-prozessuale Ansichten vereinigen mehrdimensionale Qualitätsmodelle, die aus strukturellen (z. B. Raum- und Personalgröße) und prozessualen (z. B. Erzieher-Kind-Interaktion) Perspektiven bestehen.

In der Fachliteratur finden sich unterschiedliche Ansätze zum strukturell-prozessualen Konstrukt (vgl. Roux, 2002). Einige Vertreter verfolgen ein strukturelles Konzept, andere wiederum ein prozessuales, und wieder andere vereinigen beide Ansätze. Ein Vertreter des strukturell-prozessualen Konstrukts ist Wolfgang Tietze, der in der Kindergarten-Einschätz-Skala (KES-R, Revidierte Fassung, 2001) darauf hinweist, dass unterschiedliche Gruppierungen auch verschiedene Wünsche und Interessen verfolgen, es jedoch nicht zu einem überlagernden Relativismus kommen sollte. Tietze selbst stellt den Blickwinkel des Kindes in den Vordergrund und erhebt diesen zum Qualitätsstandard für Kindertageseinrichtungen.

Auf den Blickwinkel des Kindes kommt es an.

Letztendlich ist es fraglich, ob lediglich der Blickwinkel der Kinder ausreicht, um einen Kindergarten als qualitativ hochwertig bezeichnen zu können. Er ist sicherlich eine Grundvoraussetzung für eine gute Kita, jedoch sind es schlussendlich die Eltern, die entscheiden, ob eine Einrichtung ihren Wünschen und Vorstellungen entspricht.

Fazit
Eine gute Kindertageseinrichtung versucht einen Spagat zwischen den Vorstellungen und Bedürfnissen der Eltern und Kinder zu schaffen und stellt sich zudem freiwillig dem Vergleich mit anderen Einrichtungen.

1.2 Einige geschichtliche Daten

Vorstellungen über die Qualität eines Produktes oder die Qualität einer Dienstleistung sind wesentlich älter als das, was der neuzeitliche Begriff „Qualitätsmanagement" erahnen lässt.

Unzählige Qualitätspioniere machten sich bereits im letzten Jahrhundert einen bleibenden Namen. Stellvertretend seien hier nur einige wenige genannt: Frederick Winslow Taylor, Henry Ford, William Edwards Deming, Ishikawa Kaoru, Yoji Akao oder Christian Malorny. Für die Einführung des Qualitätsmanagements in der Elementarpädagogik sind folgende Meilensteine von Bedeutung:

- 1951 wird der Deming Industrie-Qualitätspreis in Japan verliehen
- 1971 verabschiedet NRW das erste deutsche Kindergartengesetz
- 1974 werden erste deutsche Industrieunternehmen nach USA-Standard zertifiziert
- 1984 erfolgt die erste Industrie-Zertifizierung nach DIN EN ISO
- 1990 wird das erste Kinder- und Jugendhilfegesetz (KJHG) verabschiedet
- 1995 tagte erstmals der Kronberger Kreis. Dies war die erste Gruppe, welche sich mit dem Thema Qualitätsmanagement für sozialpädagogische Einrichtungen auseinandersetzte. Die Tagung fand – unter Beteiligung sämtlicher Kultusminister bzw. ihrer Vertreter – in der Stadt Kronberg statt. Die zugehörige Literatur „Qualität im Dialog entwickeln. Wie Kindertagesstätten besser werden" erschien 1998.
- 1998 erscheint „Wie gut sind unsere Kindergärten?", erstes Standardwerk von Wolfgang Tietze u. a.
- 2001 erfolgt die erste Zertifizierung von Kindertagesstätten in Anlehnung an DIN EN ISO. In Anlehnung deshalb, weil ein Qualitätsmanagementsystem nicht genormt werden kann, vielmehr wird lediglich je nach Situation ein Organisationsrahmen vorgegeben. DIN EN ISO macht zudem keinerlei Aussagen zur Arbeit in sozialpädagogischen Einrichtungen. Es handelt sich bei dieser Zertifizierung um eine Systematik nach der DIN EN ISO vorgeht, und die als Orientierungsrahmen nun auch im sozialpädagogischen Bereich Anwendung findet.
- 2006 sind bereits mehrere Tausend Kindertagesstätten zertifiziert. Hier wie in der freien Wirtschaft wird die Notwendigkeit zur Zertifizierung ganz wesentlich durch das Konkurrenzargument begründet. In manchen Industriezweigen können bereits seit einiger Zeit nur noch jene Firmen entsprechende Nachfragen und Absätze verbuchen, die eine Zertifizierung aufweisen können.

Qualitätsverbesserung erfordert eine neue Denkhaltung.

Deming (Regel 2)

1.3 Was ist Qualitätsmanagement?

Beim Begriff Qualitätsmanagement (QM) ist zunächst weniger an eine Organisationseinheit (Bereich, Abteilung, Team etc.) zu denken, sondern an das Arbeitskonzept einer Gesamtorganisation dem u. a. Träger, Leitung, Mitarbeiter, Kooperationspartner, sowie Berater angehören. Diese Gesamtorganisation muss bestrebt sein, sich die besten Arbeitsweisen, Methoden und Erfahrungen zunutze zu machen und diese in ihren Prozessen und Strukturen zu verankern. Im Rahmen des Qualitätsmanagementsystems werden die Qualitätsziele, also jene Ziele, die man durch gemeinsam vereinbarte Maßnahmen erreichen möchte und die daraus resultierenden gemeinsamen Verantwortungen festlegt. Diese Ziele sollen durch Mittel wie Qualitätsplanung, Qualitätsentwicklung, Qualitätslenkung (sich nach dem gemeinsam Festgelegten richten), Qualitätssicherung, QM-Darlegung (Dokumentation, Verfahrensanweisungen) und Qualitätsverbesserung verwirklicht werden.

Qualitätsmanagement in der Elementarpädagogik ist im Vergleich zum industriellen Einsatz eine relativ junge Disziplin. Die erste industrielle Anwendung, nämlich der Deming-Qualitätspreis wurde bereits im Jahr 1951 in Japan verliehen und basiert auf dem modellhaften Ansatz einer qualitätsorientierten Unternehmensführung.

Für Unternehmen die in den Bereichen Weltraum/Luftfahrt, Gesundheitswesen oder in der Automobilindustrie tätig sind, besteht heute ein absoluter Zwang über ein zertifiziertes Qualitätsmanagement zu verfügen, das alle Qualitätsvorgaben in Form von Spezifikationen erfüllt. Sicherheitsmängel könnten sich hier sehr schnell zu Lasten von Menschenleben auswirken. In jenen Bereichen herrscht einstimmige Bereitschaft für die Einführung eines Qualitätsmanagementsystems. Wenige Kritiker sehen im Qualitätsmanagement vordergründig Maßnahmen zur Einsparung von Ressourcen. Sicherlich sind auf lange Sicht in den meisten Fällen beträchtliche Einsparungen möglich. Verantwortliche handeln jedoch falsch, wenn sie dies als primäre Zielsetzung des Qualitätsmanagements ausgeben.

Merksatz
Das Ziel ist ein wirksames Qualitätsmanagementsystem zu installieren, das hilft, die Prozesse, die Unternehmenskultur, die Produkt- und Dienstleistungsqualität und letztlich auch die wirtschaftlichen Ergebnisse zum Nutzen der Kunden zu verbessern.

Wie sieht es nun im sozialpädagogischen Bereich aus, dessen „Waren" und „Kunden" ausschließlich Menschen sind?

1.4 Welche Bedeutung kann Qualitätsmanagement für die Elementarpädagogik haben?

Hinter dieser Überschrift verbirgt sich die Fragestellung: „Können die in der Industrie mit dem Qualitätsmanagement gemachten positiven Erfahrungen auch auf den Bereich der Elementarpädagogik übertragen werden?" Die Antwort lautet eindeutig „ja". Es macht keinen Unterschied ob ein Konzept als Hilfsmittel zur Entwicklung hochqualitativer Produkte oder aber hochqualitativer sozialer Dienstleistungen angewendet wird.

Bereits in der Vergangenheit wurde in Tageseinrichtungen für Kinder Qualitätsarbeit sicherlich auf recht hohem Niveau geleistet. Ohne einen systematischen Ansatz kann jedoch die angestrebte Prävention und Nachhaltigkeit durch ziel- und qualitätsorientiertes Leiten, Planen, Entscheiden, Handeln, Dokumentieren und Bewerten nicht erreicht werden. Es müssen zukünftig bereits getroffene Entscheidungen und Maßnahmen immer beachtet und neu reflektiert werden. Nach einigen Verfahrensdurchgängen dürfen sich also keine Routinen einstellen, die irgendwann ein oberflächliches Vorgehen nach sich ziehen, sondern alle Einzelschritte sind immer verantwortungsvoll auszuführen. Deshalb ist es auch im sozialen Bereich, im Bereich der Elementarpädagogik notwendig von einem umfassenderen Qualitätsbegriff auszugehen, der folgende acht Punkte berücksichtigt:

- Im Rahmen der **Planungsqualität** sollen alle verschiedenen Abläufe genauestens durchdacht und geplant werden. Zum Beispiel der Tagesablauf mit der maßgeblichen Überlegung zu welchem Zeitpunkt welche Aktivität stattfinden soll.
- Ferner untersuchte bis dato vielleicht noch niemand, was wirklich wichtig ist. Die Fähigkeit zur Umsetzung von neu gewonnen Erkenntnissen in entsprechende Qualitätsmaßnahmen wird als **Entwicklungsqualität** definiert.
- **Führungsqualität** wird von Mitarbeitern in leitenden Positionen erwartet.
- Die **Beschaffungsqualität** widmet sich der Anschaffung aller nötigen Mittel.
- Wie hochwertig die Arbeit der einzelnen frühpädagogischen Fachkraft ist kann durch die **Ausführungsqualität** beurteilt werden.
- Die **Ausbildungsqualität** beschreibt die Qualifikation der Mitarbeiter sowie die Fortbildungssituation des gesamten Teams bzw. einzelner Fachkräfte.
- Ein wichtiger, in der jüngsten Vergangenheit sehr im Fokus stehender Bereich ist die **Materialqualität**. Hier sind sowohl Ausstattungen, als auch während Aktivitäten und im gesamten Alltag verwendete Materialien gemeint.
- Unter dem Begriff **Einrichtungsqualität** wird die Qualität einer Einrichtung in ihrer Gesamtheit zusammengefasst.

Diese maßgeblichen allgemeinen Kriterien für umfassende Qualität lassen sich in wenigen Punkten darstellen. Möchte man hingegen potenzielle Qualitätsmängel im Bereich der

Elementarpädagogik auflisten, so ist dies ein nahezu nicht zu bewältigendes Unterfangen. Deshalb seien hier stellvertretend nur wenige eindrückliche und in der Praxis immer wieder vernachlässigte Aspekte aufgezählt. Mängel liegen unter anderem dann vor wenn,

Kinder und pädagogische Fachkräfte sind von der Qualität ihrer Einrichtung überzeugt.

- verwendete Bau- und Ausstattungsmaterialien nicht den baubiologischen und sicherheitstechnischen Standards entsprechen.
- die technische Ausstattung es nicht ermöglicht den Tageslichteinfall, die Belüftung und Temperatur angemessen zu regulieren.
- die Raum- und Außengeländegestaltung nicht den Bedürfnissen nach Aktivität, Bewegung, Rückzug und Entspannung entspricht.
- es nicht regelmäßig dokumentiert wird, in welcher Weise und wie häufig die Kinder verschiedene Funktionsbereiche und Räume nutzen. Bleiben Räume ungenutzt oder erweisen sich als überflüssig? In diesen Fällen wäre die Planung ganz offensichtlich falsch. Jene Räume könnten effizienter genutzt werden, das heißt eine Umorganisation wäre hier notwendig.
- der Erzieher nicht regelmäßig mit den Kindern über Tagesplanungen, Fixpunkte, Routinen und langfristige Vorhaben spricht und diese in die Planung mit einbezieht (auch kleine Kinder müssen darüber informiert und in Kenntnis gesetzt werden).
- das Geschirr nicht so beschaffen ist, dass sich Kinder selbstständig an den Speisen bedienen und Getränke einschenken können.
- Lebensmittelallergien oder Krankheiten einzelner Kinder nicht so dokumentiert werden, dass sie allen pädagogischen Fachkräften (evt. Küchenpersonal) zugänglich sind, und stets (auch bei Krankheit vom Fachpersonal) berücksichtigt werden können.
- keine Richtlinien zur Verfügung stehen, wie bei beobachteten Anzeichen von Vernachlässigung, Misshandlung oder Missbrauch zu verfahren ist (z. B. Wann ist das Jugendamt hinzuzuziehen?).
- Familien nicht über Verfahrensregeln und Bedingungen informiert sind, unter denen ein Kind von der Betreuung ausgeschlossen werden kann.
- im Freigelände bzw. Garten der Einrichtung giftige Pflanzen wachsen.
- eventuelle Gefahrenzonen um Spielgeräte nicht mit elastischem Material, das Verletzungen notfalls verhindern kann, ausgestattet sind.

- keine Sicherheitsbeauftragten benannt wurden, die für Einhaltung und Dokumentation der Sicherheitsvorkehrungen sowie Schulung und Information des übrigen Personals zuständig sind.
- die Sprachentwicklung der Kinder nicht durch zunehmend komplexere Sprachstrukturen und Begriffe unterstützt wird.
- der Erzieher keine Regeln für gemeinsame Gespräche und Diskussionen (Zuhören, Aussprechen lassen etc.) mit den Kindern vereinbart hat und diese in der jeweiligen Situation auch einfordert.
- kognitive Fähigkeiten nicht in einem halbjährlichen Entwicklungsprofil für jedes Kind dokumentiert werden.
- bei Konflikten nicht die Lösungsvorschläge der Kinder im Vordergrund stehen.
- es keine Dokumentation zu erworbenen emotionalen und sozialen Kompetenzen jedes einzelnen Kindes gibt.
- der Verlauf allgemeiner sowie spezifischer, pädagogischer Entwicklungsförderung für Kinder mit Behinderungen nicht dokumentiert wird.
- die Leitung nicht über Zusatzqualifikationen wie z. B. Personalführung und Finanzmanagement verfügt.
- nicht für jede Dienstbesprechung eine schriftliche Tagesordnung vorliegt, deren Struktur eine Ergebnissicherung beinhaltet.
- es keinen jährlichen Fortbildungsplan gibt, in den alle Mitarbeiter einbezogen sind.
- die Einrichtung nicht über periodisch erstellte betriebswirtschaftliche Kennziffern zur personellen und materiellen Ausstattung sowie Belegung verfügt. Kennziffern sind nach vorgegebenen Standards normierte Größen um Einrichtungen untereinander vergleichbar zu machen, z. B. wie viele Kinder pro Erzieher.

Die Kinder halten sich an die vereinbarten Regeln.

Dieser kurze Auszug aus einer potenziellen Mängelliste macht deutlich, dass zufällig gestartete Einzelaktionen nicht ausreichen, um eine Qualitätsführerschaft im Bereich der Elementarpädagogik zu erreichen.

Merksatz
Die heutigen Anforderungen an die Qualität von Kindertageseinrichtungen können mit den Methoden der fachlichen Diskussion nicht erbracht werden. Benötigt wird eine auf die spezielle Einrichtung zugeschnittene Qualitätskonzeption die zugleich fachliche, strukturelle, organisatorische sowie wirtschaftliche Aspekte berücksichtigt.

1.5 Aktuelle Qualitätsdiskussion

Zurzeit wird die aktuelle Qualitätsdiskussion durch kontinuierliche fachliche Entwicklungen sowie gesellschaftliche Veränderungen beeinflusst. Diskussionen und Reflexionen über den Qualitätsbegriff und die Qualität in Tageseinrichtungen für Kinder setzen sich aus einem Konstrukt verschiedener Anforderungs- und Vorstellungsprofile zusammen. Diese wiederum müssen in Bezug zu unterschiedlichen Zielgruppen gesetzt werden. Somit ist z. B. die ökonomische Debatte über Qualität in Kindertageseinrichtungen eine andere als die gesellschaftliche.

In den meisten europäischen Ländern werden Erzieher auf Hochschulniveau ausgebildet. Deutschland ist eines der wenigen Länder, das seine Fachkräfte vorwiegend noch in Fachschulen bzw. Fachakademien ausbildet. Doch auch dabei existieren gravierende zeitliche und inhaltliche Unterschiede. Beispielsweise wird die Ausbildung in Baden-Württemberg an Fachschulen absolviert und dauert in der Regel vier Jahre. In Bayern sind es fünf Jahre und die Ausbildung erfolgt nach dem Beschluss der Kultusministerkonferenz aus dem Jahr 2000 an Fachakademien.

Studierende einer Fachakademie im Seminar

Deutschland hebt die Erzieherausbildung seit einigen Jahren nun auch auf Hochschulniveau an und bietet hochschulzugangsberechtigten sowie bereits ausgebildeten Erziehern eine Möglichkeit, ihre Ausbildung an Pädagogischen Hochschulen (in Baden-Württemberg), Fachhochschulen oder Universitäten zu absolvieren. Untersuchungen der UNICEF zeigen, dass als Qualitätsstandard des Erzieherberufes ein allgemein gültiger Bezahlungs- und Ausbildungsstand der Fachkräfte geschaffen werden müsste, der eine Aufwertung des Berufsbildes bedeuten würde. Somit wäre der Beruf attraktiver und würde adäquat vergütet (vgl. UNICEF, 2008). Die geringe Bezahlung nimmt nach UNICEF Einfluss auf die Stabilität und Kontinuität der Kinderbetreuung, da der Arbeitsplatz häufig gewechselt wird. Durch eine Aufwertung und eine bessere Bezahlung würde sich eventuell auch die Strukturqualität in Kindertageseinrichtungen verbessern (vgl. Kapitel 1.1).

Im finanziellen Bereich lässt sich zusätzlich eine Debatte um die Qualität in Kindertageseinrichtungen beobachten. Auf der einen Seite wollen Kommunen, Gemeinden und Städte durch Verringerung der Personal- und Sachkosten immer mehr Geld für Kindertageseinrichtungen einsparen. Demgegenüber stehen aber die Forderungen der Gesellschaft nach mehr Kindergartenplätzen, höherem Personalschlüssel und besserer Raum- und Materialausstattung für eine höherwertige Qualität in den Einrichtungen. Hieraus resultiert ein Spannungsverhältnis, das durch den Rechtsanspruch auf einen Krippenplatz im KiföG (Kinderförderungsgesetz) ab dem Jahr 2013 noch zunehmen wird.

Aus politischer Sicht wird mit einem qualitativ hochwertigen Kindergarten auch eine Ausgleichsfunktion für Kinder von Migranten geschaffen, wodurch gleiche Startchancen ermöglicht werden sollen. Der Besuch eines Kindergartens oder einer Krippe bringt für alle Kinder einen nachhaltigen Effekt bezüglich des späteren Schulbesuchs. Zudem werden eventuelle Probleme schneller festgestellt und ausgeglichen, wodurch wiederum Gelder eingespart werden können.

Während im Saarland und in Baden-Württemberg knapp 91 Prozent der 3- bis 6-jährigen Migrantenkinder eine Kita besuchen, sind es in Schleswig-Holstein lediglich 60 Prozent (vgl. Bertelsmann-Stiftung, 2010). Die Studie der Bertelsmann-Stiftung weist in diesem Zusammenhang darauf hin, dass Kinder mit einem Migrationshintergrund oftmals gar keinen Kindergarten besuchen oder erst im letzten Kindergartenjahr in die Einrichtung kommen. Ausgehend von der oben beschriebenen Annahme, dass Gelder eingespart werden können, wenn Kinder bereits frühzeitig eine Kindertagesstätte besuchen (Früherkennung eventueller Probleme), wäre zu überlegen eine Kindergartenpflicht – wenigstens für das letzte Kindergartenjahr – einzuführen, um die Nachhaltigkeit der wirtschaftlichen Situation zu fördern.

Außerdem widmen sich die Diskussionen momentan hauptsächlich folgenden Themen:

- Die Neubewertung der Kindertageseinrichtungen als grundlegende Bildungsstufe.
- Wie können neue Erkenntnisse aus der Hirnforschung sinnvoll aufgenommen und für die tägliche Arbeit nutzbar gemacht werden?
- Erweiterung der kompensatorischen Erziehung für Benachteiligte.
- Quantitativer Ausbau der Betreuungsplätze zu Lasten der pädagogischen Qualität.
- Die zunehmende Erwerbsbeteiligung der Mütter.
- Öffnungszeiten sollen stetig flexibilisiert werden.
- Rechtsanspruch aller Kinder auf einen Kindergartenplatz
- Ausbau der Krippen- und Hortplätze
- Noch immer existieren Unterschiede zwischen Ost und West in Quantität, Organisation und Steuerung der Einrichtungen, resultierend aus der Wiedervereinigung
- Obwohl eine pluralistische Trägerlandschaft existiert, werden Einrichtungen vielfach zentral gesteuert.
- Fragen nach Effektivität (z. B. werden sämtliche Vorgaben aus dem KJHG tatsächlich erreicht? Werden zur Verfügung gestellte Mittel wirtschaftlich genutzt?)
- Fragen nach Transparenz (z. B. ist die Arbeit in der Einrichtung nachvollziehbar?)

Eine empirische Studie zur Qualität in Kindertageseinrichtungen

Vorliegende Studie zu Soll- und Ist-Werten entstand im Rahmen einer wissenschaftlichen Untersuchung, im Studiengang „Frühe Bildung" an der Pädagogischen Hochschule Schwäbisch Gmünd im Sommer 2010 (Amerein u.a., in Vorbereitung). Die Vergleichsstudie zur Qualitätsevaluation in Kindertageseinrichtungen wurde in einer Stadt mit ca. 52.500 Einwohnern und einem Migrationsanteil von ca. 13 % durchgeführt. Das Hauptaugenmerk liegt auf der Erfassung der Qualität in diesen Einrichtungen sowie dem sich daraus ergebenden Handlungsbedarf. Kern der Untersuchung ist der Vergleich zwischen befragten Erziehern und Eltern. Deshalb wurden bereits mehrfach erprobte und dadurch standardisierte Fragebögen (vgl. Honig u. a., 2004) in städtischen sowie Einrichtungen in freier Trägerschaft ausgeteilt. Insgesamt nahmen 524 Eltern und 63 Erzieher teil.

Der Fragebogen enthielt unter anderem sowohl für Erzieher als auch für Eltern eine 5-stufige Itemskala (1 – völlig unwichtig; 2 – unwichtig; 3 – mittelmäßig; 4 – wichtig; 5 – sehr wichtig). Bei beiden Gruppen wurden dieselben Items (Testfragen) und Skalen verwendet, sodass ein zentraler Vergleich zwischen beiden hergestellt werden kann.

Exemplarisch werden nachfolgend einige Items im Soll- und Ist-Werte Vergleich aufgezeigt. Dabei bewerten sich die pädagogischen Fachkräfte im Schnitt besser, als sie von den Eltern eingeschätzt werden. In der Tabelle sind die Mittelwerte von Ist- und Soll-Zustand abgebildet.

Soll-Werte 1= völlig unwichtig 5= sehr wichtig Ist-Werte 1= stimmt gar nicht 5= stimmt genau	**Soll- und Ist-Werte Eltern & Erzieher**			
	Mittelwert^{soll} **Eltern**	**Mittelwert^{ist}** **Eltern**	**Mittelwert^{soll}** **Erzieher**	**Mittelwert^{ist}** **Erzieher**
Anerkennung und Achtung in der Einrichtung	4.5	4.3	4.8	4.6
Betreuung im Kindergarten	4.8	4.4	4.8	4.6
Bezugsperson in der Kindertagesstätte	4.1	4.1	4.2	4.2
Vermittlung von Religion	3.0	3.3	3.1	3.4
Qualifikation der Erzieher	4.7	4.4	4.8	4.5
Körperliches Wohlergehen der Kinder	4.4	4.3	4.4	4.5
Anregung von Kreativität	4.5	4.2	4.4	4.5
Mitentscheidung der Eltern	4.1	3.7	3.8	3.5
Vermittlung von Bildung	4.1	4.0	4.5	4.4

Soll- und Ist-Zustand aus Sicht der Eltern und Erzieher (Schuller, 2010)

Lediglich bei dem Item „Bezugsperson in der Kindertagesstätte" findet sich eine Passung (Übereinstimmung von Angebot und Nachfrage) bei Eltern und pädagogischen Fachkräften. Bei diesem Item sahen beide Seiten keinen Handlungsbedarf und sind folglich mit der aktuellen Situation in der Einrichtung zufrieden.

Ein leichter Überschuss (Angebot höher als Nachfrage) stellte sich in dieser Studie im Bereich „Vermittlung von religiösen Werten und Normen" heraus. Dieses ist sowohl bei den Eltern, als auch bei den Erziehern der Einrichtungen vorzufinden. Die Eltern sahen in unserer Vergleichsstudie trotz der Bildungsdebatte nur einen minimalen Anlass, die Einrichtungen in Bezug zur Bildungsvermittlung weiter zu verbessern und auszubauen. Die Erzieher bewerteten ihre Kindertageseinrichtung im Hinblick auf das Bildungsniveau ebenfalls als leicht verbesserungswürdig (siehe Tabelle unten).

Verbesserungswürdig sind nach Ansicht der Eltern und Erzieher auch folgende Aspekte: „Anerkennung und Achtung der Kinder", „Betreuung der Kinder" und „Qualifikation der pädagogischen Fachkräfte". Bei den Ansichten zur Qualifikation von Erziehern waren Ist- und Soll-Zustand sowohl in der Fremd- als auch in der Selbsteinschätzung recht homogen.

Das „körperliche Wohlergehen der Kinder" schätzten die Eltern als verbesserungswürdig in ihrer Einrichtung ein, wohingegen die pädagogischen Fachkräfte hier einen leichten Überschuss (Angebot liegt über Nachfrage) sahen. Das zeigt, dass die Eltern sich ein individuelleres Eingehen auf ihr Kind wünschen. Des Weiteren ergab sich sowohl aus der Sicht der Erzieher, als auch der Eltern ein erhebliches Defizit in dem Bereich „Mitentscheidung der Eltern". Beide Seiten würden sich somit eine engere Zusammenarbeit im Sinne einer Erziehungs- und Bildungspartnerschaft wünschen.

	Eltern		**Erzieher**	
	Städtische Einrichtung	**Freie Einrichtung**	**Städtische Einrichtung**	**Freie Einrichtung**
	Mittelwert	Mittelwert	Mittelwert	Mittelwert
Die Einrichtung soll... Bildung vermitteln	4.1	4.1	4.3	4.5
Die Einrichtung... vermittelt Bildung	3.7	4.1	4.0	4.5

Ist- und Soll-Zustand des Items „Bildung" aus Sicht der Eltern und Erzieher (Schuller, 2010, S. 62)

Zwischen städtischen und freien Kindertageseinrichtungen lassen sich hinsichtlich des Items „Bildung" Unterschiede feststellen. Bei beiden Trägerarten wurde die Vermittlung von Bildung von den Eltern als „wichtig" eingestuft. Lässt sich aber bei den freien Kindertageseinrichtungen eine Passung von Angebot und Nachfrage feststellen, so ergab sich in den städtischen Einrichtungen ein erheblicher Verbesserungswunsch im Bereich der Bildungsvermittlung.

Vergleicht man die Mittelwerte der pädagogischen Fachkräfte mit jenen der Eltern aus städtischen und freien Kindertageseinrichtungen, ergibt sich ein bemerkenswertes Bild. Bei beiden Trägerarten bewerteten die Erzieher den Aspekt der Bildungsvermittlung höher als die Eltern. Lässt sich bei den pädagogischen Fachkräften der freien Kindertageseinrichtungen erneut eine Passung (Angebot und Nachfrage stimmen überein) beobachten, so zeigt sich bei den städtischen Kindertageseinrichtungen ein Defizit auf.

Dieser kurze Einblick soll zeigen, dass Betreuung und Erziehung zentrale Aspekte sind und der Bildungsaspekt nur eine untergeordnete Rolle spielt. Um hier, wie auch in anderen Bereichen ein Gleichgewicht herzustellen, beziehungsweise wesentlichen Momenten zu mehr Evidenz zu verhelfen, ist ein systematisches Vorgehen notwendig. Diese Systematik geht mit einem gut funktionierenden QM einher und verhilft Kitas zu Nachhaltigkeit auf breiter Ebene.

1.6 Einstieg in das Qualitätsmanagement

Grundsätzlich ist es äußerst wichtig zu wissen, dass für die erfolgreiche Einführung eines Qualitätsmanagementsystems eine oftmals kostenaufwändige Zertifizierung NICHT erforderlich ist. Doch wie beginnt man sinnvoller Weise mit dem Thema Qualitätsmanagement? Wichtigste Ressource für den Einführungsprozess ist die Mitwirkung aller Fachkräfte und deren positive Beurteilung des Vorhabens. Eine vorzügliche Einstiegshilfe bietet ein Fragebogen (siehe S. 27), entstanden aus der Mitte des Kronberger Kreises (1998), anhand dessen die persönliche Meinung (anonym oder offen) der Fachkräfte abgefragt wird.

1.7 Besonderheiten der Dienstleistungsqualität

Die Qualität von Dienstleistungen hat während der letzten 30 Jahre stetig an Bedeutung gewonnen. So sind viele Unternehmen in der Lage eine gleich bleibend hohe Produktqualität zu erzeugen wogegen sich die Einhaltung von Qualitätsstandards bei Dienstleistungen offensichtlich schwieriger gestaltet. Zunehmend wurde jedoch die Kundenzufriedenheit von der zugehörigen Dienstleistung als integraler Bestandteil von Produktlieferungen beeinflusst. Maßgeblich sind:

- Kundenbetreuung,
- Garantieleistungen und Wartung,
- Bedienungsanleitungen,
- Service am Markt,
- Schulung und Einweisung etc.

Fachkräfte-Selbst-Befragung

1	Was löst der Gedanke an QS aus?	Interesse	Gleichgültigkeit	Lust	Skepsis	Ärger
	Über Hintergründe von Qualitätsbemühungen existieren unterschiedliche Einschschätzungen. Inwieweit stimmen Sie folgenden Äußerungen zu?	1 stimme voll zu	2	3	4	5 stimme nicht zu
2.1	besser, billiger und effektiver					
2.2	Erfindung von Betriebswirten					
2.3	Abbau von sozialen Leistungen					
2.4	Unnötiger Auslandsimport					
2.5	Professionalisierung der Fachkräfte					
2.6	lernende Organisation					
3	Verfüge selbst über Erfahrungen	ja		nein		
4	Bezug der Erfahrungen					
5	Maßnahmen begonnen	ja		nein		
6	Falls ja, worum handelt es sich					
7	Von wem ging Initiative aus?	Leitung		Mitarbeiter		von außen
8	Die drei wichtigsten Bereiche der QS	1.		2.		3.
9	Qualitätsmerkmale in der Kita-Erziehung					
10	Was ist bei mir Spitze?					
11	Was ist in der Einrichtung Spitze?					
12	Fremdevaluation, Selbstevaluation?	1 stimme voll zu	2	3	4	5 stimme nicht zu
12.1	lehne beides ab					
12.2	besser ist Fremdevaluation					
12.3	lehne Fremdevaluation ab					
12.4	ich bin für Selbstevaluation					
12.5	Selbstevaluation ist viel zu subjektiv					
13	Beteiligung an Qualitätsentwicklung	ja		vielleicht		nein
14	Wo müsste Qualifizierung ansetzen?					
15	Welche Daten müsste man dokumentieren?					
16	Wie könnte man Kunden beteiligen?					

Fragebogen zur Fachkräfte-Selbst-Befragung (Kronberger Kreis, 1998)

Besonderheiten der Dienstleistungen sind:

- Immaterialität (keine Sachgüter sondern Fähigkeiten)
- Kundenbeteiligung (direkt am Kunden, z. B. Zahnarzt) bzw. dessen Verfügungsobjekt (z. B. erfolgt die Autoreparatur nicht am Kunden direkt, sondern an dessen Verfügungsobjekt)
- Produktion und Konsum zum selben Zeitpunkt, daher nicht lagerfähig

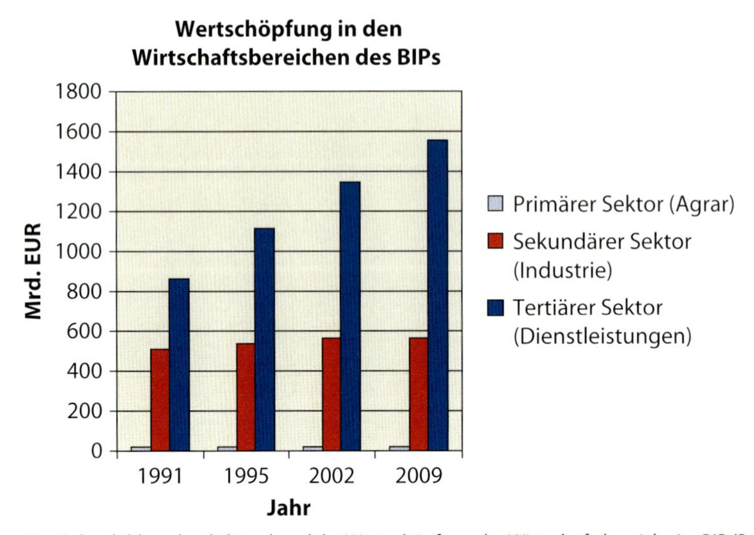

Das Schaubild verdeutlicht anhand der Wertschöpfung der Wirtschaftsbereiche im BIP (Bruttoinlandsprodukt) den Wandel den Deutschland in den letzten 20 Jahren hin zu einer Dienstleistungsgesellschaft vollzogen hat (vgl. Statistisches Bundesamt Deutschland).

Merksatz

Da ein nachträgliches Aussortieren mangelhafter Dienstleistungen wie z. B. beim produzierenden Gewerbe im Dienstleistungsbereich nicht möglich ist, gewinnen vorbeugende Qualitätsmaßnahmen höchste Bedeutung.

Aufgaben

1. *Definieren Sie den Begriff Qualität unter Berücksichtigung des Bereiches der Humandienstleistung.*
2. *Zeigen Sie Grundzüge der Qualitätsbegriffe nach Garvin, Donabedian und Fthenakis auf. Arbeiten Sie dabei auch Gemeinsamkeiten und Unterschiede heraus.*
3. *Ohne einen systematischen Ansatz können die angestrebte Prävention und Nachhaltigkeit in Kitas nicht umgesetzt werden. Belegen Sie diese These – evtl. auch anhand praktischer Erfahrungen.*
4. *Der Ländermonitor 2010 der Bertelsmann Stiftung (S. 29 oben) zeigt die Bildungsbeteiligung von Kindern mit und ohne Migrationshintergrund. Diskutieren Sie nachfolgendes Schaubild. Welche Chancen könnte ein verbindlich einzuführendes QM in Tageseinrichtungen für Kinder insbesondere für benachteiligte Kinder mit sich bringen?*

Bildungsbeteiligung von Kindern - mit und ohne Migrationshintergrund

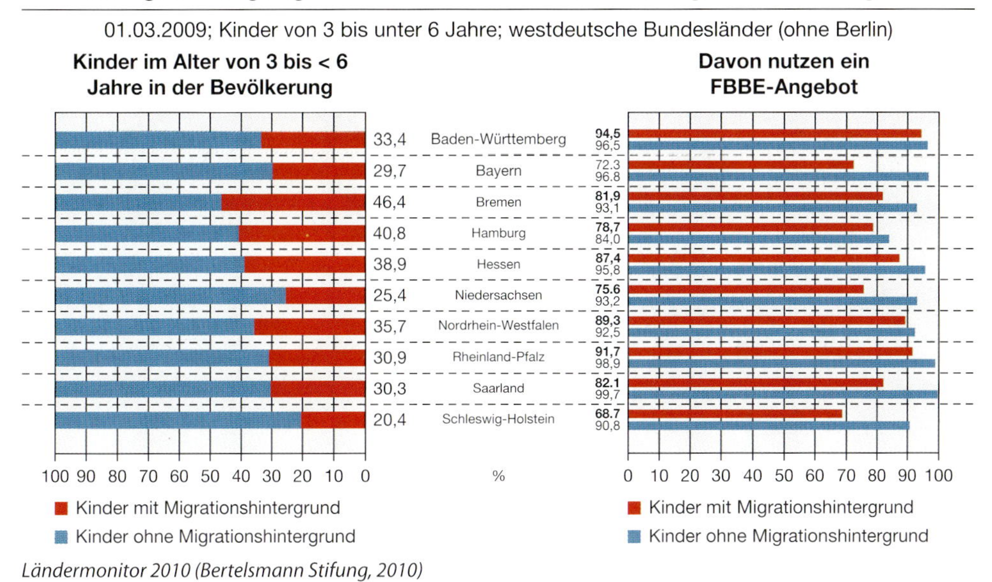

Ländermonitor 2010 (Bertelsmann Stifung, 2010)

Gleiche Chancen fangen bei den jüngsten Kindern an

„Schätzungsweise 80 Prozent der Kinder zwischen drei und sechs Jahren in den Staaten der Organisation für wirtschaftliche Zusammenarbeit und Entwicklung (OECD) besuchen Kindertagesstätten und Kindergärten oder werden von Tagesmüttern betreut – mehr als je zuvor. Mindestens ein Viertel der unter 3-Jährigen hat inzwischen einen Platz in Einrichtungen oder bei einer Tagesmutter. In einigen Staaten ist auch der Anteil der unter Einjährigen, die außer Haus betreut werden, stark angestiegen; in den USA sind es inzwischen mehr als die Hälfte.

Für Kinder birgt dieser Wandel große Chancen, aber auch Risiken. Gute Förderung und Betreuung in Kindergärten und Krippen können entscheidend zur sozialen, emotionalen, sprachlichen und kognitiven Entwicklung der Kinder beitragen und helfen, soziale Benachteiligungen zu verringern. Erfüllen diese Einrichtungen jedoch nicht die besonderen emotionalen Bedürfnisse und Lernvoraussetzungen der kleinen Kinder, werden die Voraussetzungen für ihre Persönlichkeitsentwicklung und späteres Lernen beeinträchtigt und bestehende Benachteiligungen verfestigt. UNICEF hat deshalb zehn Mindeststandards für gute Kinderbetreuung aus der Perspektive der Kinder entwickelt, welche im nachfolgenden Schaubild in der Kopfzeile zu sehen sind.

Beim Vergleich von 25 Industrieländern zeigt sich: Viele Länder vergeben die Chance, allen Kindern von klein auf die bestmögliche Förderung durch Unterstützung der Eltern und den Aufbau guter Betreuungsangebote zu ermöglichen. Nur Schweden erfüllt alle zehn von UNICEF formulierten Mindeststandards. Deutschland erreicht auch nach Einführung des Elterngeldes nur maximal fünf der Kriterien und ist damit erneut Mittelmaß."

(UNICEF, 2008)

Frühkindliche Bildung in den OECD-Ländern

Rangliste erreichter Mindeststandards zum Schutz und zur Förderung von Kindern in Kindergärten und Vorschuleinrichtungen in 25 Industrieländern

Indikator		1	2	3	4	5	6	7	8	9	10
	Zahl der erreichten Indikatoren	Ein Jahr Elternzeit bei mindestens 50 Prozent des Einkommens	Nationaler Aktionsplan mit Prioritäten zugunsten benachteiligter Kinder	Staalich geförderter und regulierter Kindergartenbesuch für 25 Prozent der Kinder unter drei Jahren	80 Prozent der Kinder ab vier Jahren haben Zugang zu anerkannten und öffentlich geförderten Kindergärten	80 Prozent der Mitarbeiter in Kindergärten haben spezifische Standards, Ausbildung und Bezahlung sollen angehoben werden	50 Prozent der Mitarbeiter in Kindergärten haben eine abgeschlossene Berufsausbildung für diesen Bereich (3 Jahre)	Mindestpersonalschüssel 1:15	1,0 Prozent des Bruttonationaleinkommens für Kindergärten	Kinderarmutsrate unter 10 Prozent	Alle Kinder mit medizinischen Grunddiensten erreicht
Schweden	10	✓	✓	✓	✓	✓	✓	✓	✓	✓	✓
Island	9		✓	✓	✓	✓	✓	✓	✓	✓	✓
Dänemark	8	✓	✓	✓	✓		✓	✓	✓	✓	
Finnland	8	✓	✓	✓		✓		✓	✓	✓	✓
Frankreich	8	✓	✓	✓	✓	✓	✓		✓	✓	
Norwegen	8	✓	✓	✓	✓			✓	✓	✓	✓
Belgien (Flandern)	6		✓	✓	✓		✓			✓	✓
Ungarn	6		✓		✓	✓	✓	✓		✓	
Neuseeland	6		✓	✓	✓	✓	✓	✓			
Slowenien	6	✓	✓	✓		✓	✓				✓
Österreich											
England	5		✓		✓	✓		✓		✓	
Niederlande	5		✓	✓		✓	✓	✓			
England	5		✓	✓	✓	✓	✓				
Deutschland	4/5*	✓*	✓		✓		✓	✓			
Italien	4		✓		✓	✓	✓				
Japan	4		✓		✓	✓					✓
Portugal	4		✓		✓	✓	✓				
Südkorea	4		✓			✓	✓				✓
Mexiko	3		✓			✓	✓				
Spanien	3				✓	✓	✓				
Schweiz	3					✓		✓		✓	
USA	3			✓			✓	✓			
Australien	2			✓			✓				
Kanada	1						✓				
Irland	1						✓				
Erreichte Indikatoren gesamt	126	6	19	13	15	17	20	12	6	10	8

* Mit Einführung des Elterngeldes erfüllt Deutschland dieses Kriterium weitgehend.

(UNICEF, The Child Care Transition, Dezember 2008)

Aufgaben

1. *Vergleichen Sie die auf S. 30 dargestellten OECD Länder hinsichtlich der erfüllten Standards. Was könnte unternommen werden um die Unterschiede zu minimieren?*
2. *Deutschland erfüllt unter anderem Indikator 5 nicht (80 % der Mitarbeiter in Kindergärten haben spezifische Ausbildung/Standards für Ausbildung und Bezahlung sollen angeboten werden). Welche Chancen könnten sich durch ein flächendeckend gut funktionierendes QM für diesen Indikator ergeben?*
3. *Der Anstieg der Fremdbetreuung hat verschiedene Gründe. Finden Sie Gründe für die zunehmende Betreuung von Kindern außerhalb der Familie. Berücksichtigen Sie dabei auch politische und wirtschaftliche Aspekte.*

2 Unterschiedliche Qualitätskonzepte

Die vier nachfolgend dargestellten Qualitätskonzepte bauen chronologisch aufeinander auf. Die ersten beiden Konzepte, das „individualistisch-normative" sowie das „dialogische" gelten heute als überholt und sind in dieser Urform in der Praxis längst nicht mehr zu finden. Beide Konzepte zeigen jedoch deutlich auf, wie die sozialpädagogische Arbeit in Tageseinrichtungen für Kinder früher ablief. Sicher wurde aus damaliger Sicht ebenfalls qualitativ hochwertige Arbeit geleistet und viele Fachkräfte waren bestrebt Kinder möglichst gut zu fördern. Doch erst am Ende des 20. Jahrhunderts fand mit dem überfälligen Einzug des Qualitätsmanagements in Bereiche der Frühen Bildung ein Umdenken statt. Nicht mehr die Leistung der einzelnen Erzieher stand im Mittelpunkt, sondern die Vergleichbarkeit der erzieherischen Arbeit zwischen unterschiedlichen Einrichtungen in unterschiedlichen Städten. Da Bildungsangelegenheiten Ländersache sind unterscheiden sich die Bildungs-, Orientierungs- oder Rahmenpläne der sechzehn Bundesländer für die Frühe Bildung in Kindertageseinrichtungen sowohl nach ihrer inhaltlichen Qualität, der Verbindlichkeit in der Umsetzung sowie ihres Umfangs deutlich, sofern sie überhaupt existieren und flächendeckend, verpflichtend eingeführt sind. Doch es gibt – im Gegensatz zum schulischen Bereich – einige sehr gute Instrumente des QM, die länderübergreifend anzuwenden sind. Sie setzen Grundgedanken des dritten Konzepts, des „fachlich-normativen" sowie des vierten, des „organisationalen Konzepts" um. Dies bedeutet, dass heute die beiden zuletzt genannten Konzepte vorherrschend sind. Wichtig zu wissen ist, dass die beiden ersten Konzepte durch eingehende Reflexion und retrospektive Betrachtung der vergangenen Erziehungspraxis nachträglich konstruiert wurden, um die Veränderungen eindrücklich und systematisch aufzeigen zu können. Erst kurz vor dem (noch unbewussten) Übergang zum fachlich-normativen Konzept wurden Diskussionen um die Einführung von QM im sozialpädagogischen Bereich, initiiert durch den Kronberger Kreis (1995), auf breiter Ebene entfacht. Dabei verfügt insbesondere die Entwicklung vom dialogischen zum fachlich-normativen Konzept über einen fließenden und sehr verzahnten Übergang. Das heißt, dass Bemühungen auf der „dritten Stufe" der Konzepte teilweise zeitgleich mit jenen der zweiten Stufe einhergingen.

Merksatz
Die vier chronologisch aufeinander aufbauenden im Nachfolgenden dargestellten Qualitätskonzepte sind:

- ***das individualistisch-normative Qualitätskonzept***
- ***das dialogische Qualitätskonzept***
- ***das fachlich-normative Qualitätskonzept***
- ***das organisationale Qualitätskonzept***

Beende die Notwendigkeit und Abhängigkeit von Kontrollen und Überprüfungen, um Qualität zu erreichen.

Deming (Regel 3)

2.1 Das „individualistisch-normative Konzept"

Oder: „Qualität als persönliche Qualität"

Die erzieherische Aufgabe wurde in vergangenen Zeiten nicht als allgemeine und professionelle Aufgabe verstanden, sondern als individuelle und persönliche Leistung. Jene Art der Berufsauffassung ist heute genau so wichtig wie früher, reicht jedoch bei weitem nicht aus um optimale Erziehungsarbeit zu leisten. Voraussetzung für pädagogisches Handeln war lediglich die individuelle „Beziehung" zum Kind. Im Umkehrschluss heißt dies, dass Kinder, zu denen die pädagogische Fachkraft aus welchen Gründen auch immer weniger gute Beziehungen pflegte, nicht in gleicher Weise gefördert und in ihrer Entwicklung unterstützt wurden wie Kinder zu denen überwiegend positive Beziehungen bestanden. Generationen von Erziehern agierten aus heutiger Sicht völlig eigenmächtig und haben ihre Aufgabe ausschließlich darin verstanden „eine persönliche Maximalleistung" erbringen zu müssen. Es existierten – wenn überhaupt – nur abstrakte Zielvorstellungen. Eine Strukturierung und Planung von Inhalten wurde nicht vorgenommen. Da keine Zielvorstellungen gegeben waren erübrigten sich auch kritische Fragen nach Erreichtem. Man kann folglich daraus schließen, dass die Erziehungsleistung ein reines Zufallsprodukt war – ohne spezifische Zielvorstellungen. Jeder einzelne Erzieher gestaltete die Erziehungsinhalte intuitiv und entwickelte hierzu eigene Verhaltensnormen und ein eigenes pädagogisches Grundverständnis. Für die damaligen Erzieher bedeutet dies aber gleichermaßen auch, dass sie in wichtigen Fragen alleingelassen wurden und sicher häufig unter Selbstzweifeln litten. In diesen Phasen hatten sie Mühe geeignete Ansprechpersonen - eventuell mit gleichen oder ähnlichen Erfahrungen - bzw. geeignete Literatur zu finden, die ihnen bei der Vorbereitung ihrer pädagogisch, anspruchsvollen Arbeit eine Unterstützung und Orientierung bot.

Dieser „jeder bringt sein Bestes" Appell wird heute und in Zukunft seine Bedeutung nicht verlieren, denn gute Qualität von Erziehung muss schließlich auf dem persönlichen Engagement jedes einzelnen Erziehers basieren. Als absolutes Grundkonzept birgt es jedoch folgende Gefahren:

- Neue Ergebnisse und Erfahrungen aus der pädagogischen Forschung bleiben unberücksichtigt und finden keine Anwendung.
- Eine gemeinsame stringente Qualität, die auch bei Personalwechsel erhalten bleibt, wird verhindert.
- Mögliche Synergieeffekte („gemeinsam sind wir besser") bleiben ungenutzt.
- Nicht nur individuelle Stärken, sondern auch individuelle Schwächen kommen zum tragen und verhindern bessere Erziehungsresultate. Die Schwächen werden auch außerhalb in ihrer ganzen Ausprägung transparent.
- Gruppen derselben Einrichtung werden vollkommen unterschiedlich geführt, die Skala reicht von partnerschaftlich/demokratisch bis autoritär. Für Eltern wird es zum Lotteriespiel mit welchem Führungsstil ihr Kind in der sozialpädagogischen Einrichtung erzogen wird. Unterschiedliche erzieherische Verhaltensweisen führen zu Verwirrung bei Eltern und Kindern. Weder Eltern noch Kinder wissen letztendlich verbindlich woran sie sind und auf welche Führungsstile sie sich einstellen sollen.

- Unterschiedliche erzieherische Verhaltensweisen können Spannungen im Team mit sich bringen, die früher oder später zu Reibungs- und Motivationsverlusten führen. Darüber hinaus schaden derartige Unverbindlichkeiten dem Ansehen in der Öffentlichkeit außerordentlich.

> ***Fazit***
> *Der Kern pädagogischer Arbeit basiert auf den persönlichen Eigenschaften und Leistungen jedes einzelnen Erziehers. Darüber hinaus muss aber der Erwerb von „überindividuellen", das heißt professionellen Praktiken und Verhaltensweisen, erwartet werden können.*
>
> *Auf das „individualistisch-normative" Konzept folgt – mit zeitlicher Überlappung – das „dialogische Konzept". Diese Abfolge wird insbesondere durch die geschichtliche Entwicklung gekennzeichnet, geprägt und vorangetrieben. Nachdem die Mängel des individualistisch-normativen Konzepts erkannt und benannt waren legte man größten Wert auf den Dialog innerhalb eines Teams bzw. einer Einrichtung.*

2.2 Das „dialogische Konzept"

Oder: „Pädagogische Qualität als Teamqualität"

Um Teams ein ausreichendes Maß an Gemeinsamkeit und Stabilität zu geben, entwickeln diese fortan ein Konzept mit Aussagen zu gemeinsamen Zielen und Vorgehensweisen als Realisierungsempfehlung. Soviel Freiheit für den einzelnen Erzieher wie möglich, andererseits aber soviel Gemeinsamkeit innerhalb der Gruppe wie aus pädagogischen Gründen nötig. Endlich wurden Dinge, welche im täglichen Leben außerhalb der sozialpädagogischen Einrichtungen selbstverständlich sind, angegangen wie z. B. die interne Abstimmung innerhalb einer Gruppe über die optimale Nutzung gemeinsamer Räumlichkeiten bis hin zu Terminabsprachen über gemeinsame Außenaufenthalte.

Mit diesem beginnenden dynamischen Prozess wurde versucht Verbindlichkeiten zu erzeugen, welche ihrerseits aber wiederum neue Diskussionen entfachten. Hinsichtlich der Offenheit dieses Konzeptes musste stets neue Klarheit darüber geschaffen werden, welche Absprachen wann und in welchem Ausmaß gelten. Aus diesem Grund bleiben Fragen nach Verbindlichkeit und Umsetzung aber dennoch ungeklärt. Insbesondere deswegen, weil Verantwortlichkeiten sowohl zwischen Leitung und Träger, als auch zwischen Leitung und Team nicht festgelegt waren. Hauptsächlich sind vier Schwachstellen auszumachen:

Terminabsprachen im Team und mit Kooperationspartnern

- Der Abstimmungsgrad über gemeinsame Inhalte hängt vom momentanen Beziehungsstand eines Teams ab. Heute kann man aus mehr oder weniger professioneller Sicht nicht mehr verstehen, dass gute oder schlechte Beziehungen innerhalb des Teams die bestimmende Einflussgröße waren.
- Mit Sympathien und Antipathien gegenüber Kollegen gehen Erzieher nicht ausreichend professionell um, sodass Kinder als auch Eltern Einblick in interne Beziehungen bekommen. Im schlimmsten Fall lassen sich Kinder oder Eltern von Bezugserziehern beeinflussen und entwickeln korrespondierende Einstellungen.
- Eine konzeptionelle Gemeinsamkeit garantiert noch keine gemeinsame Umsetzung scheinbar gemeinsamer Ziele. Auch wenn vordergründig Konsens hinsichtlich dessen, was man erreichen möchte, besteht, so ist nicht gewährleistet, dass eine gemeinsame Planung und Durchführung realisiert werden kann.
- Es ist ins Belieben der Mitarbeiter vor Ort gestellt, ob sie an das Qualitätsmanagement positiv herangehen wollen. Dies ist ein Aspekt, der für Kinder, Eltern und Träger je nach Entschluss des Teams äußerst unbefriedigend sein kann. Eine Transparenz hinsichtlich des erreichten Erfüllungsgrades, von Qualitätsmanagement ist nicht gegeben.

Fazit

Die Bedeutung und Wichtigkeit von Teamarbeit und der dabei ablaufenden Kommunikationsprozesse werden erkannt und herausgestellt. Allerdings reicht dieses Instrument alleine nicht aus, da Fragen nach Verbindlichkeiten und Umsetzung nicht geklärt sind. Darüber hinaus wird übersehen, dass jedes Team bereits aus rechtlichen Gründen zur Erbringung von Qualität verpflichtet ist. Produkthaftung ist auch bei Dienstleistungen wirksam. Im Gesundheitssektor sind heute Schadensersatzprozesse in Millionenhöhe an der Tagesordnung aber auch im sozialpädagogischen Bereich wären ähnliche Szenarien vorstellbar. Angenommen die getroffenen Absprachen über Aufsichtsführung im Außenspielgelände würden aufgrund teaminterner Beziehungsstörungen nicht eingehalten und einige Kinder kämen dadurch zu Schaden, so hätte dieser Umstand mit Sicherheit gravierende Haftungsfolgen für die beteiligten Mitarbeiter.

Qualitätskonzept Kronberger Kreis

Exemplarisch für ein mögliches dialogisches Konzept wird nun der Kronberger Kreis vorgestellt. Der Name resultiert aus dem Ortsnamen des ersten gemeinsamen Treffens aller Beteiligten. Der Kronberger Kreis für Qualitätsentwicklung e.V. ist ein Verein, der zunächst in Hessen aus einem Zusammenschluss von Experten hervorging und das Forschungsprojekt „Orte für Kinder“ initiierte, um Kindertageseinrichtungen zu reformieren und evaluieren. Im Jahre 1995 wurde dabei folgende Bestandsaufnahme vorgenommen und als Ist-Zustand diagnostiziert: Dargebotene Angebote sind in der Regel ohne Zielbestimmung oder Ergebnisfeststellung. Ein weiteres, schwerwiegendes Defizit bezieht sich auf die

Trennung von Sachverantwortung (Pädagogen) und Ressourcenverantwortung (Management). Beide Seiten reden mehr oder weniger nicht miteinander, was zur Folge hat, dass vernünftige Ideen nicht angedacht werden können. Häufig ist die Arbeitsorganisation hierarchisch aufgebaut und verhindert dadurch eine kreative Kooperation. Grundsätzlich betrachtet, ist eine Hierarchie immer von größtem Nachteil: sie ist zu teuer, alle Prozesse dauern zu lange, niemand fühlt sich verantwortlich und zuständig. Zudem erfuhren Mitarbeiter keine ständige Weiterqualifizierung, wesentliche Bestandteile einer Motivationskultur fehlten, Mitarbeiter wurden einer übertriebenen dienstrechtlichen Kontrolle unterworfen. Noch vor zehn Jahren bestanden die Hauptkontakte des sozialpädagogischen Fachpersonals zu Arbeitgebern und Trägern lediglich aus dienstrechtlicher Kontrolle und Überprüfung. Bei der Planung und Entwicklung verschiedener Arbeitsschritte und Vorgehensweisen blieb das Fachpersonal außen vor, obwohl es anschließend mit der Umsetzung betraut wurde.

Auf der Basis der bis hierher beschriebenen Situation versuchte der Kronberger Kreis einen konsensfähigen Lösungsansatz zu erarbeiten, wie Qualität im sozialpädagogischen Bereich definiert und nachhaltig realisiert werden kann. Als Grundlage für die dabei entstandenen Anregungen diente der Situationsansatz. Das Ergebnis der dreijährigen Arbeit wurde 1998 unter dem Titel „Qualität im Dialog entwickeln - Wie Kindertageseinrichtungen besser werden" (Velber Verlag) veröffentlicht. Im Anschluss daran wurde im November 1998 der Verein Kronberger Kreis für Qualitätsentwicklung e.V. mit Sitz in Wiesbaden gegründet. Ziel ist es, Qualitätsentwicklungen im Sozial- und Erziehungswesen voranzutreiben und zu unterstützen.

Frühstück im gemeinsamen Kreis

Im Konzept des Kronberger Kreises werden acht Qualitätsbereiche mit 114 Untersuchungsfragen und 474 Indikatoren formuliert. Die Einteilung der Qualitätsbereiche orientiert sich ziemlich exakt an bereits existierenden Gliederungen, welche von Zertifizierungsgesellschaften speziell für soziale Einrichtungen ausgearbeitet und verwendet werden.

Diese Gliederung beinhaltet folgende acht Bereiche:

- Qualitative Grundorientierung (GQ)
- Programm- und Prozessqualität (PPQ)
- Leitungsqualität (LQ)
- Personalqualität (PQ)
- Einrichtungs- und Raumqualität (EQ und RQ)
- Trägerqualität (TQ)
- Kosten-Nutzen-Qualität (KNQ)
- Förderung von Qualität (FQ)

Fazit

Das Qualitätskonzept Kronberger Kreis vermittelt zu aller erst den Eindruck als hätte es einen ausgesprochen hohen Komplexitätsgrad. Zu bedenken hierbei ist allerdings, dass zum ersten Mal der Versuch unternommen wurde eine sozialpädagogische Einrichtung vollumfänglich in einem Fragenkatalog abzubilden. Es versteht sich von selbst, dass sich die Vielzahl der Prozesse, deren Wechselwirkungen und Beziehungen nur unvollständig abbilden, geschweige denn determinieren lassen.

Die Handhabung des empirischen Instrumentariums kann ohne besonderes Training der Mitarbeiter sowie externer Unterstützung nicht auskommen und fordert einen erheblichen Zeiteinsatz. Diesem unglücklichen Umstand zufolge, entwickelten die Autoren im Anschluss daran einen äußerst sinnvollen, in der alltäglichen Praxis gut einsetzbaren Fragebogen zur „Fachkräfte-Selbst-Befragung" mit dem ein erster Schritt zur Evaluation und Qualitätsentwicklung initiiert werden kann. Dieser Fragebogen (Kapitel 1.6) wird von allen Fachkreisen als sehr guter Themeneinstieg angesehen.

Zur Reduzierung von Zeitaufwand und Ressourceneinsatz wird von den Autoren vorgeschlagen, das Konzept gemeinsam durch mehrere Kindertageseinrichtungen einer Region eventuell mit mehreren Trägergruppen zu implementieren.

2.3 Das „fachlich-normative Konzept"

Oder: „Gleiche Qualitätsstandards in allen Kindergärten"

Nach 20 Jahren Kindergartenreform wurde durch Wolfgang Tietze mithilfe einer in den USA entwickelten und auf deutsche Verhältnisse angepassten Skala, nämlich der „Kindergarten-Einschätz-Skala – KES" (1997), die pädagogische Prozessqualität gemessen. Es hängt nicht zuletzt mit spezifischen Eigenheiten des gesamten Bildungssystems in Amerika zusammen, dass Standards jedweder Art – eben auch Qualitätsstandards – ihren Ursprung dort haben. Da es in den USA weniger gut ausgebildete Fachkräfte gibt, muss die „Anlernqualität" hochwertiger sein und hierfür müssen folglich ungleich mehr Standards existieren. Ausgelöst und vorangetrieben wurden obige Aktivitäten in Deutschland, weil Träger und Mitarbeiter nach eingehender Evaluation durch erhebliche Qualitätsdefizite und -unterschiede aufgeschreckt wurden, nicht zuletzt auch verursacht durch Ergebnisse aus PISA, TIMSS oder IGLU. Trotz überwiegend aufopferungsvollem Einsatz der Erzieher befanden sich die erreichten Ergebnisse lediglich im Bereich der Mittelmäßigkeit. Daraus zog Tietze die Schlussfolgerung, dass substanzielle, nachhaltige Verbesserungen nicht durch weitere individuelle Anstrengungen zu erreichen sind, sondern nur durch explizite Orientierung an fachwissenschaftlichen Qualitätsstandards erreicht werden können (vgl. Tietze, 2005).

Hierzu erfolgte notwendigerweise eine nationale Konsensbildung über Qualitätsstandards mit gleichzeitiger Beteiligung aller Wissensträger (Ministerien, berufsständische

Vertretungen, Arbeitsgemeinschaft Wohlfahrtspflege etc.). Sinnvoll wäre die Bildung einer Expertengruppe (siehe Kapitel 3.2), die klare Beobachtungskriterien zur Bewertung der Standards festlegt. Schließlich sind Standards, welche nicht bewertet bzw. gemessen werden können, sinnlos. Ebenso erforderlich sind Verfahrensentwicklungen für Selbst- und Fremdevaluation. Damit können Arbeitsweisen sowie deren Wirkungen systematisch erfasst und ausgewertet werden. Aus diesen Evaluationsergebnissen können danach Steigerungen der Effektivität und Effizienz der täglichen Arbeit abgeleitet werden (Weiteres zum Thema Evaluation auch Kapitel 3.1).

Eine Fremdevaluation geschieht von „außen", über zwanglose Elterngespräche oder systematische Befragungen. Für relativ hohe Honorare bieten hier Fachberater und Beratungsfirmen fachlich fundierte, systematische Evaluationen an.

Bei der Selbstevaluation hingegen werden die Betroffenen selbst mit einbezogen. Anhand vorher fest gelegter eventuell sogar standardisierter Kriterien können Selbstbeobachtungen durchgeführt werden. Systematische Auswertungen von Tagebüchern, Aufzeichnungen und Protokolle geben einen wichtigen Input bei der Durchführung von Sebstevaluationen. In sozialpädagogischen Einrichtungen ist die Selbstevaluation ein aussagekräftiges Instrument. Alle Betroffenen (Mitarbeiter, Eltern, evtl. Kinder und Jugendliche, Träger und gegebenenfalls Kooperationspartner) können mit ihren spezifischen Sichtweisen einbezogen werden wodurch es zu einer vollständigen und weitgehend objektiven Beurteilung des Ist-Zustandes kommen kann.

Ein sehr sinnvoller Katalog möglicher Standards ist die bereits erwähnte Kindergarten-Einschätz-Skala (KES). Schon seit einiger Zeit erfolgen kontroverse Diskussionen ob in naher Zukunft nicht nur jene Tageseinrichtungen öffentliche Zuschüsse erhalten sollen, die mit einem „Gütesiegel" zertifiziert sind. Für eine Zertifizierung als generelle Auflage könnte das Argument angeführt werden, dass Qualitätsmanagement somit für alle gleichermaßen verbindlich wäre. Contra-Standpunkte befassen sich eher mit überwiegend wirtschaftlichen Argumenten, wie den Kosten oder dem Zeitaufwand.

Bei dem bis hierher beschriebenen Diskussionsstand erhielt das Thema Qualität in Kindergärten endgültig Einzug in die öffentlichen Argumentationen. Jedoch ist festzuhalten, dass ein Dialog mit Eltern und Träger über Qualitätsstandards noch nicht in ausreichendem Umfang vorgesehen war. Dabei wäre die Berücksichtigung und Einbindung der Kundenzufriedenheit vor allem im sozialpädagogischen Bereich äußerst wichtig. Aufgrund dieses Mangels kann das fachlich-normative Konzept in dieser Ausprägung noch nicht bedingungslos akzeptiert werden.

Wir sind dialogbereit

Fazit

Die unbefriedigende Situation und das Fehlen von Qualitätsstandards beim dialogischen Konzept führte quasi zwangsläufig zum fachlich-normativen Konzept mit Orientierung an fachwissenschaftlichen Qualitätsstandards, die es nunmehr ermöglichen, eine objektive Messung der erreichten Qualität vorzunehmen.

In diesem Stadium wurde auch sehr schnell erkannt, dass eine hohe Kundenzufriedenheit nur unter Einbeziehung von Eltern und Träger sowie weiterer Kooperationspartner erreicht werden kann, um Qualität umfassend und nachhaltig gewährleisten zu können.

Eine optimale Kombination als weiterführende Perspektive wäre die Verbindung eines Qualitätsfeststellungsverfahrens mit einem fachspezifisch ausgelegten Qualitätsmanagementsystem.

2.3.1 Die Kindergarten-Einschätz-Skala (KES- R)

Als Beispiel für ein fachlich-normatives Konzept wird nun die revidierte Fassung der Kindergarten-Einschätz-Skala, KES-R vorgestellt. Die erste deutsche Fassung von Tietze, Schuster und Rossbach erschien 1997, mittlerweile existieren zwei jeweils revidierte Fassungen der KES-R (2001 und 2005). Wissenschaftliche Kriterien bildeten die Ausgangsbasis zur Entwicklung dieses Qualitätskonzepts zur Messung der pädagogischen Qualität. Nach der KES ist die gesamte Qualität aller pädagogischen Prozesse, Strukturen und Orientierungen ein Merkmal für die pädagogische Qualität generell.

Feste bieten Anlass zu zahlreichen Interaktionen.

Hinsichtlich der pädagogischen Prozesse wird vorrangig die Gesamtheit aller Interaktionen und Erfahrungen der Kinder in der Einrichtung gemessen.

Dies geschieht in einer vierstufigen Skala mit den Abstufungen von unzureichend über minimal und gut bis ausgezeichnet. Ergänzend dazu liefern die pädagogischen Strukturen Einsichten in organisatorische Regulationsprozesse der jeweiligen Einrichtung. Merkmale wie Gruppengröße, Erzieher-Kind-Schlüssel, Personalausbildung, Raum und Ausstattungsmerkmale stehen dabei im Vordergrund. Alle pädagogischen Vorstellungen, Werte und Überzeugungen werden unter den pädagogischen Orientierungen subsummiert.

KES-R ist in 43 Qualitätsmerkmale aufgeteilt zur Förderung der Kinder im

- emotionalen
- kognitiven
- psychischen und
- sozialen Bereich.

Die KES-R besteht aus 43 Ratingskalen, anhand derer die entsprechenden pädagogischen Qualitätsmerkmale in sieben übergreifende Bereiche zusammengefasst wurden.

Jene übergreifenden Bereiche sind:

1. Platz und Ausstattung (Innenraum; Mobiliar für Pflege, Spiel und Lernen; Ausstattung für Entspannung und Behaglichkeit; Raumgestaltung; Rückzugsmöglichkeiten; Kindbezogene Ausgestaltung; Platz für Grobmotorik; Ausstattung für Grobmotorik)
2. Betreuung und Pflege der Kinder (Begrüßung und Verabschiedung; Mahlzeiten und Zwischenmahlzeiten; Ruhe- und Schlafpausen; Toiletten; Maßnahmen zur Gesundheitsvorsorge; Sicherheit)
3. Sprachliche und kognitive Anregungen (Bücher und Bilder; Anregung zur Kommunikation; Nutzung der Sprache zur Entwicklung kognitiver Fähigkeiten; allgemeiner Sprachgebrauch)
4. Aktivitäten (feinmotorische Aktivitäten; künstlerisches Gestalten; Musik und Bewegung; Bausteine; Sand/Wasser; Rollenspiel; Naturerfahrungen/Sachwissen; Mathematisches Verständnis; Nutzung von Fernsehen, Video und/oder Computer; Förderung von Toleranz und Akzeptanz von Verschiedenartigkeit/Individualität)
5. Interaktionen (Beaufsichtigung/Begleitung/Anleitung bei grobmotorischen Aktivitäten; allgemeine Beaufsichtigung/Begleitung/Anleitung der Kinder; Verhaltensregeln/Disziplin; Erzieher-Kind-Interaktion; Kind-Kind-Interaktion)
6. Strukturierung der pädagogischen Arbeit (Tagesablauf, Freispiel; Gruppenstruktur; Vorkehrungen für Kinder mit Behinderungen)
7. Eltern und Erzieher (Elternarbeit; Berücksichtigung persönlicher Bedürfnisse der Mitarbeiter; Berücksichtigung fachlicher Bedürfnisse der Mitarbeiter; Interaktion und Kooperation der Mitarbeiter; fachliche Unterstützung und Evaluation der Mitarbeiter; Fortbildungsmöglichkeiten).

Durch Einteilung in sinnvolle Untergruppen erhält so jeder Themenkomplex eine gut anwendbare, spezifische Gliederung. Defizite, welche den einzelnen, vorgestellten Konzepten anhaften, werden bei derartiger Strukturierung ziemlich deutlich offenkundig. So ist z. B. das wichtige Thema „Verantwortung der obersten Leitung/Führungsstruktur" in dieser Bereichsaufteilung gänzlich unberücksichtigt.

Vielseitige Naturerfahrungen ermöglichen

Anwendung

Um ein möglichst genaues, objektives und reproduzierbares Ergebnis zu bekommen, ist eine mehrstündige Beobachtung durch geschultes Personal erforderlich. Unterstützung erhalten die Experten durch bereits beschriebene Aspekte, ergänzende Hinweise und mögliche Fragen für die oben erwähnten Skalenstufen 1, 3, 5 und 7.

Nicht zwingend aber empfehlenswert ist bei der Beobachtung beispielsweise die Einteilung der Merkmale in Gruppen wie etwa:

Gruppe 1:
Keine Kinder sind im Raum (z. B. Ausstattung, Sicherheit, Rückzugsmöglichkeit)

Komplette Bereiche können ohne Anwesenheit der Kinder in aller Ruhe besichtigt werden.

Gruppe 2:
Beobachtung nur zu bestimmten Tageszeiten (z. B. Begrüßung, Essen, Toilette)

Gruppe 3:
Materialien und deren Nutzen (z. B. Bücher, Bilder, Musik, Sachwissen)

Gruppe 4:
Interaktionsbezogene Merkmale (z. B. Kommunikation, Sprache, Beaufsichtigung, Freispiel)

Gruppe 5:
Wünsche der Eltern, Bedürfnisse von Erziehern (z. B. Gesundheitsvorsorge, Elternarbeit)

Auswertung

Die Auswertung kann sowohl auf der Merkmals-, Bereichs-, Gesamtskala als auch auf der Ebene der Qualitätsdimension erfolgen. Hinsichtlich der Begrifflichkeit ist eine relative Flexibilität erforderlich. Unter Merkmal versteht die KES-R zum Beispiel die Räumlichkeit (Merkmal 1), das Mobiliar (Merkmal 2), Begrüßung (Merkmal 9) oder den Tagesablauf (Merkmal 34). Hier liegt sicher eine gewagte Verwendung des Begriffes „Merkmal" vor. Es wäre korrekter, wenn diese Objekte beziehungsweise Vorgänge auf bestimmte Merkmalsausprägungen hin untersucht würden und so die Variabilität der unterschiedlichen Ausprägungen bestimmt würde.

Auf der Merkmalsebene sind auch bei Selbstevaluation Stärken und Schwächen schnell identifizierbar, wobei unmittelbar notwendige Verbesserungen erkannt und eingeführt werden können.

Die Bereichsebene ermöglicht die Identifizierung von Stärken und Schwächen der pädagogischen Qualität in einer Beobachtungsgruppe (dabei werden die einzelnen Werte aufaddiert und durch die Anzahl der Fragen dividiert).

Entsprechend zur Auswertung auf der Bereichsebene ergibt sich für die Gesamtskala ein Gesamtwert. Hier darf die Notwendigkeit einer genauen und zuverlässigen Beobachtung nicht unerwähnt bleiben. Gute Beobachter sind daran zu erkennen, dass sie bei mindestens zwei der drei Testgütekriterien zu konstanten Ergebnissen kommen. Auch die Beobachtungsskalen müssen Erfordernisse erfüllen, die sich an drei zentralen Kriterien der Testgüte festmachen:

- Die **Objektivität** gibt Auskunft darüber, in welchem Ausmaß das Testergebnis vom Testanwender unabhängig ist.
- Die **Reliabilität** informiert über den Grad der Genauigkeit, mit dem das geprüfte Merkmal gemessen wird.
- Mit der **Validität** wird angegeben ob der Test/Fragebogen wirklich in der Lage ist, das zu messen, was er zu messen vorgibt. Sie bezieht sich also nicht auf den Beobachter, sondern auf das Erhebungsinstrument.

Im Rahmen der Qualitätsdimension könnte man die ursprüngliche inhaltliche Gliederung verlassen und zum Beispiel in „Erzieherverhalten" oder „Pädagogische Interaktionen" umgruppieren.

Diese Umgruppierung stellt eine interessante Variante dar, die es erlaubt, mit nur einem Datensatz eine Fülle von Aussagen für weitere potenzielle Verbesserungen zu erzielen.

Eine abschließende graphische Darstellung der Ergebnisse erlaubt die Profilbildung aller Merkmale und Bereiche. Profile können benutzt werden um Stärken und Schwächen zu identifizieren beziehungsweise zu vergleichen. Insbesondere aber auch um Veränderungen und Unterschiede deutlich zu machen. Darüber hinaus können Unterschiede verschiedener Beobachter ermittelt und ein vergleichender Überblick im Zuständigkeitsbereich getroffen werden.

Fazit

Das Qualitätskonzept der Kindergarten-Einschätz-Skala (KES-R) dient in erster Linie zur Messung der pädagogischen Qualität in Kindertageseinrichtungen. Weitere Anwendungen sind Qualitätsvergleiche, ein graphischer Überblick über einzelne Kinder-Gruppen sowie reflektierende Auseinandersetzungen mit Qualität in Aus- und Fortbildung.

KES-R-Trainingskurse können in ca. einer Woche absolviert werden. Sie erfordern dabei einen gewissen individuellen Einsatz und Engagement.

Unberücksichtigt bleiben hingegen pädagogische Konzepte wie Waldorf- oder Montessori-Pädagogik, die Gesetzgebung (z. B. Kinder- und Jugendhilfegesetz), Kostenträger, Einrichtungsträger, demographische Veränderungen, der sozialräumliche Bezug bzw. das Umfeld der Einrichtung. Außerdem ist der Einsatz bei altersheterogenen Gruppen problematisch.

KES-Standards berücksichtigen zudem keine unterschiedlichen Formen der Tagesbetreuung (wie z. B. Regelkindergarten, Kindertagesstätten). Eine enge Festlegung auf pädagogische Prozesse verhindert zudem den Blick auf die zugrunde gelegten Strukturen. Sind diese Strukturen fehlerhaft oder problembehaftet (z. B. fehlende Führungsstruktur), so können darauf aufbauende Prozesse auch nicht optimal funktionieren.

2.3.2 Kieler Instrumentarium für Elementarpädagogik und Leistungsqualität (K.I.E.L.)

Ein weiteres prominentes Beispiel für die Umsetzung des fachlich-normativen Konzepts ist K.I.E.L. (Krenz, 2001). Das Kieler Instrumentarium für Elementarpädagogik und Leistungsqualität wurde zwischen 1995 und 2000 von Armin Krenz mit der Absicht entwickelt, die Arbeit in Kindertageseinrichtungen weiter zu verbessern und stellt eine weiterentwickelte Alternative zur KES-R dar. Erzieher können anhand des Instrumentariums Stärken erkennen, Schwächen aufdecken und somit eine ständige Verbesserung anstreben. Damit orientiert sich das Qualitätskonzept nach K.I.E.L. bereits an der Qualitätsphilosophie des Total Quality Management (TQM, siehe Kapitel 6.3.).

K.I.E.L. erhebt den Anspruch, ein ganzheitliches Evaluationskonzept zu sein und umfasst fünfzehn thematische Bereiche, die in 425 Qualitätskriterien gegliedert sind. Nun ein Überblick über die Qualitätsbereiche:

- **Politik für Kindertageseinrichtungen**: Die Qualität zeigt sich in der Schaffung, Bereitstellung und Sicherung von Finanzressourcen, damit Erzieher im Auftrag der Träger eine qualitätsorientierte Pädagogik durchführen können.
- **Eine professionelle Grundorientierung**: Sie untersucht und vergleicht pädagogische Ansätze. Ihre Qualität zeigt sich in der Gestaltung einer Pädagogik, die basale Werte und Normen zur Grundlage ihrer Arbeit macht.
- **Professionelle Kindorientierung**: Durch sie finden Kinder Sicherheit und Zutrauen für ihre identitätsgeprägte Entwicklung. Die Qualität einer professionellen Orientierung am Kind zeigt sich in deren Wertschätzung, dem Entgegenbringen von Respekt und Achtung sowie in einer kontinuierlichen Beziehungspflege mit Kindern.
- **Professionelles Selbstverständnis als elementarpädagogische Fachkraft**: Fachkräfte zeichnen sich durch ihr professionelles Selbstverständnis aus, reflektieren ihre Selbst-, Sach- und Sozialkompetenz, erweitern diese und passen sie den aktuellen Bedürfnissen immer wieder aufs Neue an.
- **Professionelle Arbeit mit Kindern**: Der Erziehungs-, Bildungs- und Betreuungsumfang wird von Erziehern unter Berücksichtigung neuester entwicklungspsychologischer, pädagogischer, soziologischer sowie medizinischer Erkenntnisse gestaltet. Dabei fungieren sie stets als Vorbild für die Kinder.
- **Professionelle Wahrnehmung der Leitungsfunktion**: Die Leitung ist für die grundlegende Orientierung und Werthaltung der Einrichtung, für eine qualitativ hochwertige Förderung und Weiterbildung aller Mitarbeiter und für eine zielorientierte Weiterentwicklung der Einrichtung verantwortlich. Dazu ist es erforderlich, dass die Leitung einen offenen, zielorientierten und konstruktiven Umgang mit allen relevanten Ansprechpartnern führt.
- **Professionelle Teamarbeit**: Alle Fachkräfte sind verpflichtet professionell und kompetent zu arbeiten. Dabei stehen insbesondere Kollegen, Kooperationspartner, Eltern,

Kinder, die Öffentlichkeit sowie weitere beteiligten Personen im Mittelpunkt. Persönlich geprägte Wünsche werden im Gegensatz zu fachlichen Notwendigkeiten zurückgestellt und Gemeinsamkeiten als Ziel formuliert und umgesetzt.

- **Entwicklungsfördernde Raumgestaltung**: Ein Bewusstsein darüber, dass die Art der Raumgestaltung entwicklungsförderlich bzw. -hemmend sein kann. Die pädagogische Fachkraft sollte daher Kenntnisse über Psychologie der Farben, Raumstrukturen, Beschaffenheit und jeweilige atmosphärische Einflüsse verfügen.
- **Professionelle Öffentlichkeitsarbeit**: Wie öffnen sich die Fachkräfte dem Innenverhältnis einer Einrichtung, und können sie dies auch auf eine professionelle Öffnung nach außen übertragen. Die tagtägliche Arbeit am Kind wird zu einer repräsentativen und aussagekräftigen Elementarpädagogik.
- **Professionelle Fort- und Weiterbildung**: Mitarbeiter nehmen regelmäßig an Fort- und Weiterbildungen teil.
- **Professionelle Zusammenarbeit mit Eltern**: Einsicht in die Notwendigkeit und die daraus resultierende Erleichterung Eltern in die tägliche Arbeit zu integrieren. Dadurch werden wichtige Fachinformationen vermittelt und Elternressourcen gestärkt.
- **Professionelle Zusammenarbeit mit dem Träger**: Durch ständigen Austausch und Kontakt mit dem Träger wird dieser in den Einrichtungsalltag einbezogen. So informieren die Mitarbeiter den Träger über neue Forschungsergebnisse und wissenschaftliche Erkenntnisse im Bereich der Elementarpädagogik ebenso wie hinsichtlich einrichtungsspezifischer Neuigkeiten.
- **Professionelle Zusammenarbeit mit Institutionen**: Kindertageseinrichtungen erkennen den positiven Nutzen von Synergieeffekten und vernetzen sich mit anderen Einrichtungen. Jener aktive Austausch trägt zur flächendeckenden qualitativen Verbesserung bei.
- **Begleitung und Beratung von Praktikanten**: Praktikanten werden als zukünftige Fachkräfte angesehen und während ihrer Zeit in der Einrichtung strukturiert und professionell angeleitet.
- **Verantwortungsvolle Trägerschaft**: Dieser Qualitätsbereich zeigt sich im wirklichen Interesse des Trägers, Qualitätsmerkmale zu schaffen und zu festigen. Der Träger bringt organisatorische Regelungen mit pädagogischen Gesichtspunkten in eine ausgewogene Balance und ist sich seiner Verantwortung für eine qualitativ hochwertige Arbeit in der Einrichtung bewusst. Er ist an der fachlichen Weiterentwicklung der Einrichtung und seiner Mitarbeiter interessiert

Diese Qualitätskriterien werden anhand vorgegebener, praktischer Beispiele auf vier Stufen eingeschätzt. Diese reichen von

- (--) = völlig unzureichend/trifft nicht zu
- (-) = unzureichend/trifft im Großen und Ganzen nicht oder kaum zu
- (+) = eher gut/trifft im Großen und Ganzen oder zum Teil zu bis zu
- (++) = ausgezeichnet/trifft in vollem Umfang zu.

Wichtig ist, dass alle Qualitätskriterien eine Einschätzung finden. Dazu werden vier Checklisten verwendet.

In Checkliste eins wird eine Einschätzung der jeweiligen Qualitätskriterien mit mindestens drei belegbaren Beispielen übertragen. In Checkliste zwei wird anhand der ersten Checkliste eine Rangordnung der Qualitätsstärken/-schwächen aufgestellt, um Qualitätsziele und Umsetzungsvorhaben festzuschreiben. Checkliste drei dient der Übertragung aller Qualitätskriterien auf einen Gesamtlistenbereich. Und Checkliste vier kann zur Ermittlung der Gesamtqualität aus den Mittelwerten der fünfzehn Qualitätsbereiche genutzt werden.

2.4 Das „organisationale Konzept" der DIN EN ISO ff.

Oder: „Qualität als Kundenzufriedenheit"

Begriffserklärung

DIN Deutsches Institut für Normen
EN European Norm
ISO International Organisation for Standardisation (weltweit) mit Sitz in Genf

Die Zahl 9000 benennt die fortlaufende Nummer im Gesamtverzeichnis, die angefügte Zahl wie z. B. 2000 das Jahr der Überarbeitung.

Die neue ISO 9000 bis 9004 ist eine 1987 veröffentlichte und 1994 weitgehend revidierte Normenreihe, mit deren Einführung die weltweite Qualitätsmanagement-Bewegung branchenübergreifend noch mehr Verbreitung erfuhr. Besonderes Merkmal der Normenreihe ist die Branchen- und Themenunabhängigkeit, da keine inhaltlichen Aussagen getroffen werden. Darüber hinaus bietet sie eine weltweite Vergleichbarkeit und ist eine regulierende Grundlage für die Zusammenarbeit zwischen Vorgesetzten und Mitarbeitern sowie zwischen Anbietern und Kunden. Während die ISO 9001:2000 bereits interessante neue und teilweise konkrete Anforderungen an ein umfassendes Qualitätsmanagement zeigt, outet sich die neue Norm 9004:2000 erfreulicherweise als Leitfaden zur Leistungsverbesserung und verfügt über umfangreiche Ansätze für Weiterentwicklung und ständige Verbesserung. Anwender, die ihr Managementsystem über die Anforderungen der ISO 9001 hinaus weiterentwickeln möchten, finden hier unterschiedliche Möglichkeiten.

Ende des Jahres 2000 existierten 25 Normen, Leitfäden und Normenentwürfe – zu viele um im Alltag zufriedenstellend mit ihnen arbeiten zu können. Dies erkannte der Normenausschuss sehr bald. Es erfolgte deshalb eine Überarbeitung und Verdichtung auf vier folgende Bereiche:

- ISO 9000:2000: Grundlagen und Begriffe
- ISO 9001:2000: Forderungen
- ISO 9002:2000: Leitfaden zur Leistungsverbesserung
- ISO 9011:2001: Auditleitfaden für Qualität und Umweltschutzsysteme („Audit" siehe Kapitel 5.20)

Ziel- und Ergebnisorientierung, Prozess- und Systemmanagement sowie ständige Verbesserungen (siehe 5.15 Methode: Kaizen) prägen nun die neuen Qualitätsnormen. Die ISO 9000-Normen wurden anhand umfangreich vorhandener Erfahrungswerte grundlegend überarbeitet. So sind nun z. B. explizite Hinweise und konkrete Erläuterungen enthalten um einer missbräuchlichen Verwendung der Normen entgegen zu wirken. Fehlinterpretationen von Zertifizierern, Beratern oder gar selbsternannten Qualitätsexperten führten in der Vergangenheit zu erheblichem Schaden, (übermäßige Bürokratie, eine Dokumentationswut, Mehrkosten, eingeschränkte Flexibilität) der nun vermieden werden soll.

Zentrale Zielsetzung des Qualitätsmanagements nach ISO 9000 ist das erfolgreiche Führen einer Organisation auf Grundlage der Erfordernisse und Erwartungen der beteiligten Parteien. Dies erfolgt durch die Einführung und Aufrechterhaltung des Grundsatzes „ständige Verbesserung".

Acht Grundsätze zum Qualitätsmanagement wurden aufgestellt, welche von der Einrichtungsleitung benutzt werden können, um die Leistungsfähigkeit der gesamten Organisation zu verbessern.

- **Kundenorientierung**
  Einrichtungen hängen von ihren Kunden ab und sollen aus diesem Grund momentane und zukünftige Anforderungen der Kunden verstehen, sie erfüllen und sogar danach streben, deren Erwartungen zu übertreffen.
- **Führung**
  Führungskräfte sind maßgeblich daran beteiligt, dass interne und externe Ziele konzeptionskonform sind. Dies benötigt ein Umfeld, indem sich alle Beteiligten wohl fühlen und sich somit gerne für die gemeinsamen Ziele einsetzen.
- **Einbeziehung der Personen**
  Auf allen Ebenen machen Menschen das Wesen einer Einrichtung aus. Werden sie vollständig involviert, können ihre Fähigkeiten und Kompetenzen zum Wohle der Organisation eingesetzt werden.
- **Prozessorientierter Ansatz**
  Ein erwünschtes Ergebnis lässt sich zielgerichteter und effizienter erreichen, wenn dahinführende Anstrengungen und Ressourcen als Prozess initiiert werden.
- **Systemorientierter Managementansatz**
  Werden Prozesse, die miteinander in Wechselbeziehung stehen, erkannt und verstanden, dementsprechend geleitet und gelenkt, dann kann ein System entstehen, welches eine äußerst wirksame Unterstützung bei der Zielerreichung ist.
- **Ständige Verbesserung**
  Die Ständige Verbesserung hinsichtlich aller Aspekte der gesamten Einrichtung ist ein permanentes Ziel.
- **Sachbezogener Ansatz zur Entscheidungsfindung**
  Sollen Entscheidungen wirksam sein, dann müssen sie auf fundierter Analyse von Daten und Informationen beruhen.

- **Lieferantenbeziehungen zum gegenseitigen Nutzen**
  Einrichtungen und ihre Lieferanten sind voneinander abhängig. Positive Beziehungen zum gegenseitigen Nutzen erhöhen die Wertschöpfungsfähigkeit beider Seiten.

Nun ein expliziter Blick auf den sozialpädagogischen Bereich. Hierbei werden Aspekte der Kundenzufriedenheit und Wirtschaftlichkeit berücksichtigt. Anforderungen aller Beteiligten (Eltern, Kinder, Träger, Kirchen etc.) werden systematisch erhoben. Wie bereits oben erwähnt fehlte eben jene äußerst zentrale Anforderung beim fachlich-normativen Konzept. Ziel hierbei ist ein organisatorisches System, das auf ständige Verbesserung abzielt. Regelmäßige interne und externe Audits (Kapitel 5.20) zur Überprüfung der Funktionsfähigkeit des QM-Systems sind unabdingbar. Im Gegensatz zur Kindergarten-Einschätz-Skala, mit deren Hilfe quasi eine Bestandsaufnahme gemacht wird, ist ein Audit mehr ein Soll-Ist-Vergleich, also: was ist festgelegt und wird dieses auch tatsächlich eingehalten? Die Verantwortung für die Qualitätspolitik liegt bei der obersten Leitung. Zweifellos eine der schwierigsten Situationen liegt vor, wenn die oberste Führungsetage lediglich verbal Verantwortung übernimmt, also von dem angestrebten Vorhaben nicht restlos überzeugt ist und nicht bedingungslos hinter dem Vorhaben steht. Dann nämlich wird es schwierig ein wirksames Qualitäts-Management zu implementieren. Die Pflege und Aufrechterhaltung einer hohen Motivation und die Weiterbildung des Personals sind dabei ebenso wichtig wie der vorhergehende Aspekt eines Mangels an Überzeugung der Führung. Daneben bedarf es einer kontinuierlichen Feststellung der Kundenerfordernisse und -erwartungen, einer konkreten Definition des pädagogischen Angebots sowie einer detaillierten Beschreibung des Dienstleistungsprozesses. Hierbei gilt es alle wesentlichen Basisdaten zu dokumentieren um den angestrebten Prozess nicht aus den Augen zu verlieren. Eine Beurteilung der Dienstleistungsqualität erfolgt durch die Kunden, welche die pädagogische Arbeit, bewusst oder auch unbewusst, natürlich aber permanent beurteilen. Im Speziellen ist hier jedoch eine systematische, professionelle Erhebung der Dienstleistungsqualität gemeint.

Fazit

Bei diesem „organisationalen Konzept" nach DIN EN ISO ist die Systemorientierung zu sehr in den Fokus gerückt. Qualitätsmanagement darf sich nicht darauf beschränken, selbst formulierte und angestrebte Ziele unter Vernachlässigung fachlich-wissenschaftlicher Lösungsansätze zu verfolgen. Seltsamerweise muss an dieser Stelle festgestellt und angemerkt werden, dass die auch zeitlich aufeinander entwickelten Konzepte fast in Extrempositionen beheimatet sind. Beim Vorgängerkonzept war durch die KES die Fachlichkeit überbetont. Bei Konzepten nach DIN EN ISO wird diese fast gänzlich vernachlässigt.

In der Tat zeigt sich, dass viele Einrichtungen nach Einführung eines Qualitätsmanagement Systems allein ausgerichtet nach DIN EN ISO 9000 ff. lediglich eine oberflächliche Veränderung aufzuweisen vermögen. Das organisationale Konzept nach DIN ISO ist sicherlich ein hervorragendes Werkzeug, wenn es mit fachwissenschaftlichen Standards und den sich daraus ergebenden Strukturen kombiniert wird.

Beende die Praxis, Geschäfte auf der Basis des niedrigsten Preises zu machen.

Deming (Regel 4)

QMHindividuell für Kindertagesstätten

Dieses Konzept[1] ist eine Möglichkeit QM in Tageseinrichtungen für Kinder unter Berücksichtigung der DIN EN ISO Anforderungen durchzuführen. QMHindividuell gründet auf der Norm 9001:2008. Eine Einschränkung ist, dass nicht alle notwendigen Anforderungen, die mit einer möglichen Zertifizierung einhergehen erfüllt werden. Eine angestrebte Zertifizierung kann jedoch eigenständig darauf aufgebaut werden.

Bevor diese Vorgehensweise näher dargestellt wird sollte jedoch ein wesentlicher Nachteil vorab genannt werden. Die Kosten für den Erwerb einer QMHindividuell Lizenz sind sehr hoch. Die wesentlichen Vorteile sind, dass die Lizenz auf Datenträger verschickt wird und ohne größeren Aufwand auf die speziellen Bedürfnisse der Einrichtung abgestimmt werden kann. Sehr positiv ist auch die gut strukturierte, genau an der DIN EN ISO Norm angepasste Vorgehensweise, wie der folgende Ausschnitt illustrieren soll:

Kapitel	ISO 9001	Thema
C 2		**Dienstleistungserbringung in der pädagogischen Arbeit**
C 2.1	7.5	Pädagogische Konzeption
C 2.2	7.5.1	Förderplanung/Bildungsdokumentation
C 2.3	7.1, 7.5.1	Planung, Umsetzung, und Dokumentation der pädagogischen Arbeit
C 2.4	7.3	Projektarbeit

Auch weitere Prozessbeschreibungen, wie die Themenbearbeitung oder die Einarbeitung neuer Mitarbeiter sind in übersichtlicher tabellarischer Darstellung dargeboten.

[1] *vgl.www.qualitaetentwickeln.de/qmhindividuellfuerkindertagesstaetten.htm (online am 05.01.2010)*

Fazit zu Kapitel 2

Bereits eingangs des Kapitels wurde der Hinweis gegeben, dass die vier beschriebenen Qualitätskonzepte eine chronologische Abfolge der Qualitätsentwicklung im Bereich der frühkindlichen Bildung darstellen. Die logische Schlussfolgerung, aus allen vier Konzepten die jeweils positiven Aspekte zu separieren und zu einem Konzept zu mischen ist nahe liegend und wurde teilweise auch realisiert. Das „individualistisch-normative" sowie das „dialogische" Konzept sind gänzlich in die beiden zuletzt beschriebenen Konzepte eingeflossen und haben in dieser Form nur noch historische Bedeutung.

Gearbeitet wird heute mit Kombinationen aus dem „fachlich-normativen Konzept" (z. B. KES, K.I.E.L.) und dem „organisationalen Konzept" nach DIN EN ISO ff. Eine weitere Verschmelzung dieser beiden Konzepte ist weder sinnvoll noch wünschenswert. DIN EN ISO z. B. stellt einen internationalen Qualitätsstandard dar, der bei vielen Branchen, Behörden und unterschiedlichen Dienstleistungserbringern Anwendung findet. Gesondert zu berücksichtigen sind in diesem Zusammenhang pädagogische Konzepte wie Waldorf- oder Montessoripädagogik (Kapitel 8.5.2) oder die einschlägige Gesetzgebung wie z. B. das Kinder- und Jugendhilfegesetz.

Aufgaben

1. *Im vorangehenden Kapitel haben Sie vier unterschiedliche Qualitätskonzepte kennen gelernt. Zeigen Sie – unter Berücksichtigung der chronologischen Reihenfolge – wesentliche Aspekte aller vier Konzepte auf.*
2. *Welchen Einfluss hat die Weiterentwicklung vom individualistisch-normativen Konzept bis hin zum organisationalen Konzept auf die Entwicklung und Erziehung der zu betreuenden Kinder?*
3. *Arbeiten Sie Gemeinsamkeiten und Unterschiede folgender Anwendungskonzepte heraus: Kronberger Kreis, Kindergarten Einschätzskala, „Kieler Instrumentarium für Elementarpädagogik und Leistungsqualität" (K.I.E.L.) sowie QMHindividuell für Kindertageseinrichtungen.*
4. *Wählen Sie eines der vier Konzepte aus und entwickeln Sie anhand der theoretischen Grundlagen praktische Umsetzungsmöglichkeiten für eine Kindertagesstätte.*
5. *Nennen Sie acht Grundsätze der DIN EN ISO, die aufgestellt wurden um die Leistungsfähigkeit der gesamten Organisation zu verbessern. Finden Sie an der Praxis orientierte Beispiele für alle acht Grundsätze.*

3 Qualitätsentwicklung

3.1 Evaluation

Das Ziel aller Qualitätsentwicklungsmaßnahmen ist die Verbesserung der Erziehungs- und Bildungsarbeit der einzelnen Einrichtung, die Kinder stehen dabei im Mittelpunkt aller sozialpädagogischen Bemühungen. Damit jede Einrichtung ihren Entwicklungsprozess systematisch, präventiv und nachhaltig betreiben kann, benötigt sie Verfahren der Qualitätssicherung und Qualitätsentwicklung. Diese beiden beinhalten wiederum Evaluationsverfahren.

Unter Evaluation versteht man den Prozess des systematischen Sammelns, Auswertens und Interpretierens von Daten anhand fachlich legitimierter bzw. standardisierter Maßstäbe. Das Ziel ist es, daraus Konsequenzen für die Sicherung und Weiterentwicklung der gesamten Einrichtungsqualität abzuleiten. Man könnte sagen, dass jede Evaluation eine (kleinere oder größere) Studie ist, um z. B. Effizienz, Wirkung, Nutzen und/oder Kosten bestimmter Maßnahmen oder Vorgehensweisen durch objektive Ergebnisse beurteilen zu können. Eine Evaluation wird in mehrere Schritte gegliedert, beginnend mit der Vorbereitungs- und Planungsphase bis hin zur Berichterstellung und zum Ergebnistransfer. In der Phase der Datenerhebung und –auswertung werden in systematischer, regelgeleiteter und transparenter Weise Informationen zum festgelegten Untersuchungsgegenstand erhoben und statistisch aufbereitet oder aber informell vom Team ausgewertet. Dabei ist in jedem Fall eine standardisierte Erhebung mit professioneller Auswertung angeraten, in erster Linie um die Einhaltung der drei Testgütekriterien (näheres hierzu in Kapitel 2.3.1) zu gewährleisten. Hierzu in Frage kommende Erhebungsmethoden sind überwiegend dem Bereich der quantitativen und qualitativen Sozialforschung entlehnt. In diesem Zusammenhang finden in der Praxis verschiedene Formen der schriftlichen und mündlichen Befragung ebenso Anwendung, wie die Durchführung von Dokumentenanalysen oder die Realisierung unterschiedlicher Beobachtungstechniken.

Es existieren zwei unterschiedliche Vorgehensweisen: zum einen die Selbstevaluation oder auch internale Qualitätsbestimmung genannt, zum anderen die Fremdevaluation oder externale Qualitätsbestimmung. Selbstevaluation bedeutet, dass die Verantwortung für die systematische Durchführung, Gestaltung und Auswertung einer Evaluation bei der Einrichtung selbst liegt. Es gibt niemanden von außen, der bewertet, sondern das Pädagogikteam selbst schaut auf die eigene Arbeit und wird dadurch zum „Forscher in eigener Sache". Legt man hierbei die von Donabedian vorgenommene Differenzierung zwischen Struktur-, Prozess- und Orientierungsqualität zugrunde, so lassen sich anhand von Evaluationsverfahren organisationale Rahmenbedingungen ebenso untersuchen wie professionelle Handlungsmuster und beobachtbare Veränderungen bei allen Beteiligten. Die dabei gewonnenen Erkenntnisse bilden die Grundlage für den sozialpädagogischen Weiterentwicklungsprozess. Selbstevaluation dient also vorrangig der Selbstvergewisserung der eigenen Handlungen, der Möglichkeit zur Selbststeuerung der jeweiligen Einrichtung und eventuell auch der eigenverantwortlichen Rechenschaftslegung nach innen und nach außen.

Die Fremdevaluation hat die Funktion, der Einrichtung eine externe, kriteriengeleitete und vom Träger unabhängige Rückmeldung hinsichtlich des Systems „Einrichtung" zu geben. Diese ist langfristig in einem Abstand von fünf Jahren geplant. Die Fremdevaluation versteht sich dabei als Dienstleistung im sozialpädagogischen Bildungs- und Erziehungssystem und bietet durch einen neutralen Blick von außen eine systematische Analyse der Organisation, der Abläufe und Maßnahmen. Dabei nehmen geschulte Beobachter die Einrichtung als Gesamtsystem und nicht einzelne Personen in den Blick. Die Fremdevaluation gibt Impulse für die Qualitätsentwicklung, indem Stärken und Verbesserungsmöglichkeiten aufgedeckt werden. Auf diesem Weg entsteht zusätzliches Steuerungswissen für die systematische Qualitätsentwicklung.

Fremdbeobachtung ist jedoch häufig ein wenig beliebtes Verfahren innerhalb von Kindertageseinrichtungen. Die Angst vor zu großer Konkurrenz zwischen verschiedenen Einrichtungen sowie die Beurteilung durch „nicht-fachliche" Beobachter lässt diese Art der Qualitätsbestimmung in Kindergärten selten erscheinen. Oftmals werden in diesem Zuge standardisierte Verfahren benutzt, die einheitliche Kriterien für alle Einrichtungen aufstellen. Von diesen Verfahren grenzen sich die meisten Kindertageseinrichtungen ab, da sie sich als individuelle Einrichtung sehen. Jede Kita besitzt also eine eigene Konzeption, ein Leitbild. Damit einhergehend unterscheiden sich die Wertorientierungen und Schwerpunktsetzungen zwischen den Einrichtungen teilweise fundamental.

Fremdbeurteilung ist teilweise mit hohen Kosten verbunden, die sich die Träger nicht leisten können. Ein weiterer Aspekt ist, dass der externe Beobachter nur einen geringen Ausschnitt des Kindergartenalltags beurteilen kann. Ein Kriterium, das im Beobachtungszeitraum z. B. als mangelhaft beurteilt wurde, kann zu einem späteren Zeitpunkt besser eingestuft werden, da andere Rahmenbedingungen herrschen.

Internale Qualitätsbestimmungen haben hingegen den Nachteil, dass sie teilweise die Augen vor der Realität verschließen und dadurch zu subjektiven Ergebnissen kommen. Deshalb ist bei einer internalen Qualitätsbestimmung der Einbezug unterschiedlicher Ansichten von Vorteil. Die „Kindergarten-Einschätz-Skala" (KES-R) zeigt eine starke Präferenz für die Fremdevaluation. Fthenakis hingegen zieht eine Selbstevaluation einer Fremdbeurteilung vor. Er merkt an, dass Selbstevaluation für das pädagogische Personal eine Chance darstellen kann durch die intensive Auseinandersetzung mit der eigenen Arbeit Vertrauen in die eigene Tätigkeit zu bekommen. Dadurch können sich Interesse und Engagement erhöhen.

Als Königsweg wird neuerdings die Selbstevaluation extern validiert, es werden also die Vorteile der Fremd -und Selbstevaluation gleichzeitig genutzt. Das Team bearbeitet z. B. standardisierte Fragebögen und schickt diese zur weiteren Bearbeitung (Daten eingeben Ergebnisse errechnen und interpretieren) an eine zuständige zentrale Stelle. Nach einigen Wochen bekommt die sozialpädagogische Einrichtung eine fertig ausgewertete Interpretation, welche die Qualität offen legt.

Zu den Methoden welche bei der Evaluation von Kitas zum Einsatz kommen zählen unter anderem:
- Beurteilung pädagogischer Prozesse mithilfe standardisierter Verfahren (z. B. KES)
- Elternbefragungen und Auswertung der Ergebnisse
- Auswertung und Analyse aller Dokumente
- Interviews mit Leitung und pädagogischen Fachkräften

3.2 „Ein nationaler Kriterienkatalog“

Die Nationale Qualitätsinitiative im System der Tageseinrichtungen für Kinder (NQI) ist ein 1999 vom Bundesministerium für Familie, Senioren, Frauen und Jugend (BMFSFJ) veranlasster länder- und trägerübergreifender Forschungsverbund. Trotz der vielen und teilweise divergierenden Konzepte wurde erst 1999 eine Qualitätsoffensive auf nationaler Ebene gestartet. Neben dem BMFSFJ beteiligten sich zehn Bundesländer, die Verbände der Freien Wohlfahrtspflege, der Deutsche Städtetag, verschiedene Landesjugendämter und Kommunen. Der Verbund besteht aus fünf Teilprojekten, die sich mit einem jeweils anderen Schwerpunkt befassten. Die Projekte I und II entwickelten Qualitätskriterien für die Arbeit mit 0- bis 6-jährigen Kindern. Dabei wird die nationale Qualitätsinitiative vom Bundesfamilienministerium für Familie gefördert und berücksichtigt sämtliche Fachliteratur, Erfahrungen pädagogischer Fachkräfte, entwicklungspsychologische Grundlagen sowie pädagogische Prinzipien. Hier sollte man annehmen bzw. davon ausgehen können, dass alle bis 1999 existierenden Konzepte und Aspekte berücksichtigt wurden. Darüber hinaus spricht die Erprobung in über 250 Kitas aus sechs Bundesländern für sich.

Im Mittelpunkt steht die fachlich inhaltliche Bestimmung von Qualität. Gleichzeitig werden Forderungen aus dem Qualitätsmanagement aufgegriffen, die auf einen optimierten Organisationsaufbau und -ablauf zielen. Etwas oberflächlich formuliert könnte man sagen, dass – wie bereits gefordert – die Stärken der bisherigen Konzepte zusammengeführt wurden.

Der interne Ordnungsrahmen des nationalen Kriterienkataloges besteht aus einundzwanzig Qualitätsbereichen mit jeweils sechs Leitgesichtspunkten und sieben Schritten der Qualitätsentwicklung (vgl. Tietze, 2007).

Qualitätsbereich 20 (Übergang Kindergarten-Schule) ist kursiv hervorgehoben, da er erst 2007 in einer überarbeiteten Fassung neu aufgenommen wurde. Davor beinhaltete der Katalog also lediglich 20 Qualitätsbereiche.

Die Qualitätsbereiche waren so ähnlich bereits in anderen Katalogen (Kronberger Kreis, Kindergarten-Einschätz-Skala) enthalten. Gegenüber der KES wurden die Bereiche von 43 auf nunmehr 21 reduziert, teilweise sinnvoller zusammengefasst und strukturiert und darüber hinaus in einer bestimmten Weise gruppiert (dunkelblauer bzw. hellblauer Hintergrund). Hinsichtlich der Anwendung hat dies jedoch keine größere Bedeutung.

Die bildliche Darstellung der Qualitätsbereiche im Nationalen Kriterienkatalog musste von uns in obiger Darstellung bewusst auf den Kopf gestellt werden. Die Ersteller des Kriterienkataloges wählten eine hierarchische Darstellung, bei der nicht das Kind (Hauptkunde) an exponierter Stelle steht sondern die „Leitung“ der Einrichtung.

Ein kurzer Überblick über die Zusammenfassung der einzelnen Bereiche:

- Bereiche eins und zwei könnte man als räumliche Struktur bezeichnen.
- Bereiche drei bis sechs als pädagogische Gestaltung.
- Sieben bis 16 repräsentieren die Bildungsarbeit im engeren Sinne.
- 17 bis 20 widmen sich Planungsinhalten und Inhalten der Kooperation mit der Familie.
- Position 21 verdeutlicht die Verantwortung der Leitung

	Qualitätsbereiche		Leitgesichtspunkte		Steps der Q-Entwicklung
1	Raum für Kinder	1	Räumliche Bedingungen	1	Situationsanalyse
2	Tagesgestaltung				
3	Mahlzeiten und Ernährung				
4	Gesundheit und Körperpflege			2	Aktuelles Q-Profil
5	Ruhen und Schlafen	2	Erzieherin-Kinder- Interaktion		
6	Sicherheit				
7	Sprache und Kommunikation			3	Fachliche Orientierung
8	Kognitive Entwicklung				
9	Soziale und emotionale Entwicklung	3	Planung		
10	Bewegung			4	Diskussion Veränderungsziele
11	Fantasie und Rollenspiel				
12	Bauen und Konstruieren				
13	Bildende Musik, Kunst und Tanz	4	Nutzung und Vielfalt von Material	5	Zielvereinbarungen
14	Natur-, Umgebungs- und Sachwissen				
15	Interkulturelles Leben				
16	Integr. von Kindern mit Behinderungen			6	Planung von Umsetzschritten
17	Eingewöhnung	5	Individualisierung		
18	Begrüßung und Verabschiedung				
19	Zusammenarbeit mit Familien			7	Ergebnissicherung
20	***Übergang Kindergarten – Schule***				
21	Leitung	6	Partizipation		

Die sechs Leitgesichtspunkte für die pädagogische Arbeit bilden den grundlegenden Ordnungsrahmen und garantieren, dass alle Qualitätsbereiche von den gleichen Grundprinzipien aus betrachtet werden können. Das heißt jeder einzelne Qualitätsbereich wird von jedem der sechs Leitgesichtspunkte aus betrachtet und dementsprechend können Qualitätskriterien formuliert werden.

Mit den „Sieben Steps der Qualitätsentwicklung" lassen sich alle Qualitätsbereiche bearbeiten – mehr dazu jedoch später in Kapitel 4.1.

3.3 Wie arbeitet man mit dem Qualitätskriterienkatalog?

Ein großer Vorteil des Kriterienkataloges ist, dass er nicht in seiner Gesamtheit gelesen werden muss. Dennoch ist es sinnvoll sich mit Aufbau und Struktur einmal vertraut zu machen. Er kann sehr gut als ständiger Praxisbegleiter, als Orientierungshilfe oder als Nachschlagewerk fungieren. Darüber hinaus bietet er die Möglichkeit sich partiell mit nur einem Qualitätsbereich zu beschäftigen und diesen Teilbereich zu verbessern. Zusätzlich kann darauf aufbauend eine Schwachstellenanalyse erstellt werden. Hierzu wird ein Profil angefertigt, das erlaubt Schwachstellen, also einen oder mehrere Bereiche mit niedriger Bewertung zu erkennen. Dies ermöglicht die Erarbeitung sowie die Überarbeitung des Einrichtungskonzeptes. So könnten optimale Einrichtungskonzepte aus den relevanten Qualitätskriterien abgeleitet werden und damit einhergehend als fundierte Grundlage für Teamfortbildungen dienen. Das Thema Teamfortbildung wird im Bereich der Qualitätsentwicklung unter „fachlicher Orientierung" ermittelt.

Aber zurück zum eigentlichen Anliegen, weitere konkrete Vorteile des nationalen Kriterienkataloges aufzuzeigen. Der Kriterienkatalog ermöglicht unter anderem die Erarbeitung eines Anforderungsprofils für Führungskräfte, konkrete Formulierungen von Zielvereinbarungen und kann außerdem als Ausgangspunkt für einen systematischen Qualitätsentwicklungsprozess angesehen werden.

Für jeden der 21 Qualitätsbereiche und alle sechs beschriebenen Leitgesichtspunkte existieren Qualitätskriterien, welche die „beste Fachpraxis" beschreiben (vgl. Tietze u. a., 2003). Damit der Katalog tatsächlich zu einem häufig genutzten Arbeitsinstrument wird, sollten sowohl Aufbau und Systematik als auch die Nutzungsmöglichkeiten im pädagogischen Team besprochen und der Zugang zum Katalog jederzeit leicht möglich sein.

Nachfolgend wird exemplarisch eines von 882 möglichen Strukturbeispielen vorgestellt. Es kann folgende Rechnung aufgemacht werden: 21 (Qualitätsbereiche) x 6 (Leitgesichtspunkte) x 7 (Schritte der Qualitätsentwicklung) ergibt insgesamt 882 Strukturmöglichkeiten (welche, wie bereits erwähnt nicht in ihrer Gesamtheit abgearbeitet werden müssen).

Strukturbeispiel (2/3/5):

Qualitätsbereich 2: → *Tagesgestaltung*

Leitgesichtspunkt 3: → *Planung (Grundlagen/ Orientierung; Pädagogische Inhalte und Prozesse; Dokumentation)*

Qualitätsentwicklung 5: → *Zielvereinbarungen*

Hier sind folgende Qualitätskriterien beispielhaft angesprochen:

- Ist der Tag so geplant, dass Fixpunkte, Routinen und regelmäßige Aktivitäten für Kinder erkennbar sind? Nach pädagogischem Verständnis soll eine tägliche Regelmäßigkeit wie auch Abfolge vorhersehbar sein.
- Werden Kinder auf Aktivitäten, die in größeren Zeitabständen stattfinden vorbereitet? Exemplarisch hierfür sind Aktivitäten aus den Bereichen der Kunst, Musik oder Bewegung anzuführen.
- Werden für jüngere Kinder geplante Aktivitäten mit bereits vertrauten Formulierungen angekündigt? Insbesondere soll diese Ankündigung wiederholt werden.
- Orientieren sich Abfolge und Dauer des Tagesablaufs am Alter und Entwicklungsstand der Kinder?
- Werden Potenziale (z. B. Innen-/Außenbereich) durch Abstimmung der Erzieher genutzt?

Es muss vermieden werden, dass gegebene Möglichkeiten - vielleicht aus Bequemlichkeit nicht genutzt werden. Abstimmungen hierzu sind im Team zuverlässig durchzuführen. Dazu gehören auch auf den ersten Blick scheinbar banale Fragen danach, ob Ereignisse wie Geburtstage, Feiertage, Ausflüge, Aufnahme und Verabschiedung geplant werden. Dies geschieht natürlich unter Berücksichtigung unterschiedlicher kultureller und religiöser Traditionen.

Fragen danach, ob Kinder an Vorbereitung und Durchführung aller Geschehnisse beteiligt werden, ob bei der Planung das unterschiedliche, individuelle Tempo berücksichtigt wird oder ob täglich längere Spielphasen, in denen Kinder selbst initiiert spielen können vorgesehen sind, bilden zudem ein zentrales Fundament. Ferner sind bereits bei der Planung unterschiedliche Ausdauer und Konzentrationsvermögen zu berücksichtigen.

Im Folgenden sollen weitere Fragen stichwortartig aufgeführt werden:

- Sind für jeden Tag sowohl drinnen als auch draußen abwechslungsreiche, ruhige und lebhafte Aktivitäten vorgesehen?
- Sieht die Planung Aktivitäten für einzelne Kinder, kleine und größere Gruppen sowie die Gesamtgruppe vor?
- Können jüngere Kinder die Aktivitäten überschauen und führen diese tatsächlich zu keiner Überforderung?

- Dient die bestehende Dokumentation als Grundlage für zukünftige Planungen? Dieser Punkt spricht für sich selbst: Wie wollen Erzieher bewusst Fehler vermeidend und aufbauend planen, wenn sie nicht auf eine bestehende Dokumentation zurückgreifen können?
- Sind alle Aktivitäten Teil einer umfassenden und langfristigen Planung, die in wesentlichen Elementen dokumentiert ist? – Die Betonung liegt hierbei auf langfristig!
- Ist die Dokumentation jüngere Kinder betreffend aktuell und für jeden Erzieher zugänglich?
- usw.

Aufgaben

1. *Definieren Sie den Begriff „Evaluation". Beschreiben Sie die zwei möglichen Vorgehensweisen und stellen Sie dabei jeweils die besonderen Merkmale heraus.*
2. *Welche Vorteile bringt die Arbeit mit dem Nationalen Kriterienkatalog mit sich? Diskutieren Sie in Kleingruppen, an welchen Stellen Sie Schwachpunkte sehen.*
3. *Erstellen Sie zwei sinnvolle Strukturbeispiele. Begründen Sie die Kombinationen indem Sie Fragen aufwerfen, welche durch die Bearbeitung der drei verknüpften Aspekte (aus dem Qualitätsbereich, Leitgesichtspunkt, Step der Qualitätsentwicklung) beantwortet werden können.*
4. *Unterschiede in der pädagogischen Qualität von Kindergärten sind mit bis zu einem Jahr Entwicklungsunterschied bei Kindern verbunden und wirken sich auch in der Schulleistung bei Grundschülern aus. 2007 wurde der Nationale Kriterienkatalog um einen Qualitätsbereich (Übergang Kindergarten - Grundschule) erweitert. Welche Chancen können sich hieraus für die Arbeit der Frühpädagogen in der Einrichtung sowie insbesondere auch für die Kooperation mit Grundschullehrern ergeben?*
5. *Der Nationale Kriterienkatalog kann sowohl zur internen als auch externen Evaluation herangezogen werden. Beschreiben Sie für beide Arten die Vorgehensweise unter Berücksichtigung der Verwendung des Kataloges.*

Suche ständig nach den Ursachen von Problemen um Dienstleistungen und Produkte ständig zu verbessern.

Deming (Regel 5)

4 Pädagogische Qualitätsentwicklung

Der Trend zur Einführung einer pädagogischen Qualitätsentwicklung in Kitas lässt sich nicht mehr aufhalten. Er bietet große Chancen zur Verbesserung der pädagogischen Arbeit im Elementarbereich, wenn statistisch signifikante Effekte bei sozialer Kompetenz, der Sprachentwicklung oder bei Bewältigung von Alltagssituationen unter die Lupe genommen werden. Die 1998 untersuchten Kinder in der Studie „Wie gut sind unsere Kindergärten" wurden bis 2002 auf ihrem weiteren Bildungsweg begleitet, also insgesamt vier Jahre lang (vgl. Tietze, 1998). Diejenigen, die einen Kindergarten von besserer pädagogischer Qualität besucht hatten, wiesen am Ende der zweiten Schulklasse einen höheren Sprachentwicklungsstand, bessere Schulleistungen und mehr soziale Kompetenzen sowie eine bessere Bewältigung der Alltagssituation auf (Entwicklungsvarianz am Ende der Kindergartenzeit 3,6 bis 8,4 %; am Ende der 2. Grundschulklasse 7,6 bis 16,1 %).

Mehr Transparenz der Arbeit kann im Wesentlichen durch Dokumentation der Prozesse erreicht werden. Effektivere Abläufe entstehen durch Prozessverbesserungen und Prozessoptimierungen. Verbesserte Abläufe und Prozesse können in kürzerer Zeit positivere Ergebnisse sowie langfristige Zeitersparnis für die pädagogische Arbeit garantieren. Attraktive Einrichtungen mit funktionierendem Qualitätsmanagement bieten mehr Arbeitsplatzsicherheit und sind gleichermaßen ein Wettbewerbsvorteil für die Zukunft. Damit einhergehend existiert aufgrund der fachlichen Herausforderung eine höhere Motivation und die aktive Mitgestaltung erzeugt berufliche Zufriedenheit mit höherer Professionalität.

4.1 Arbeitsinstrumente der pädagogischen Qualitätsentwicklung

Prozesse in der Qualitätsentwicklung sind generell nie abgeschlossen. In der Fachliteratur werden sie häufig als „kontinuierliche Verbesserungsprozesse (KVP)" bezeichnet.

Um dies zu verdeutlichen, wird dieser nie abgeschlossene Prozess meist als Kreis dargestellt. Beispielhaft ist für nachfolgende Darstellung der Qualitätskreis aus dem Buch „Pädagogische Qualität entwickeln" (Tietze u. a., 2004)) zugrunde gelegt. Dieses Modell wurde bewusst ausgewählt, da es konsequent auf dem Nationalen Kriterienkatalog aufbaut. Den Fachkräften bietet dies die Möglichkeit anhand des Kriterienkataloges ihre Qualität zu überprüfen und dann im zweiten Schritt die pädagogische Qualität weiterzuentwickeln (vgl. Tietze u. a., 2004). Dieser Vorteil birgt den kleinen Nachteil, dass das Arbeitsbuch zur pädagogischen Qualitätsentwicklung nicht ohne Zuhilfenahme des Nationalen Kriterienkataloges auskommt.

Hier finden sich die „Sieben Schritte der Qualitätsentwicklung" aus der Tabelle „Ein nationaler Kriterienkatalog" (Kapitel 3.2) wieder. Dieser wird auch „Qualitätskreis der pädagogischen Qualitätsentwicklung" genannt.

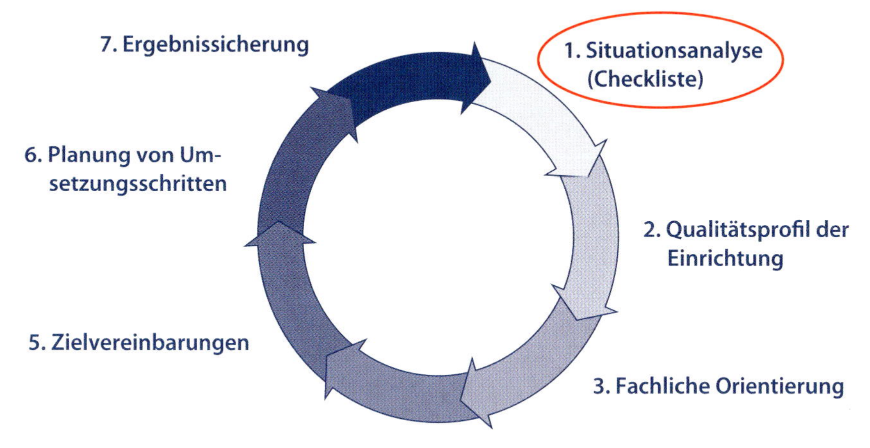

Nach Durchlauf des siebten Qualitätsschrittes kann sich ergeben, dass im Verlauf der Arbeit neue Fragen und Themen auftreten, die in weiteren Durchgängen der Qualitätsentwicklung und unter Einbeziehung weiterer Qualitätsbereiche und Kriterien des Kataloges zu bearbeiten sind.

zu 1: Situationsanalyse

Ausgangspunkt für die pädagogische Qualitätsentwicklung ist immer die Abklärung des Ist-Zustandes, die Beantwortung der Frage, wo stehen wir heute (Qualitätsfeststellung). Durch systematisches Nachdenken und Bewerten der eigenen aktuellen beruflichen Praxis (Selbstevaluation) wird eine Strukturierung der Reflexion und Auswertung vorgenommen.

Achtung!

Dieser Prozess führt nicht selten zu schwierigen Situationen und Konflikten. Deshalb kann es angeraten sein, wenn die Fachkräfte Unterstützung und Beratung von außen in Anspruch nehmen. Dies sollte ganz bewusst geschehen, da es tatsächlich viele Menschen nicht zulassen ihre bisherige, eigene Arbeit in Frage zu stellen. Dies ist bei der Qualitätsentwicklung jedoch absolute Voraussetzung.

Unterstützt wird die Situationsanalyse durch Verwendung von Fragelisten/Checklisten (zum Beispiel aus der KES, dem Kronberger Kreis oder vorzugsweise dem Nationaler Kriterienkatalog)

Nachfolgend finden Sie eine von den Autoren des Nationalen Qualitätskriterienkataloges verfasste Checkliste (Tietze u. a., 2004) als Ausschnitt. Sie umfasst praxisnah formulierte Kriterien in Bezug zu einem der 21 Qualitätsbereiche des Nationalen Qualitätskriterienkataloges und ist jeweils nach dessen sechs Leitgesichtspunkten gegliedert. Hier ist also ein direkter, systematischer Bezug zum Nationalen Qualitätskriterienkatalog gegeben.

Räumliche Bedingugen/Innenbereich	überhaupt nicht/nie		weniger/ selten		teils-teils		zu einem guten Teil/ häufiger		überwiegend/ fast immer		voll & ganz/ immer	
	Selbsteinschätzung	Qualitätsprofil	Selbsteinschätzung	Qualitätsprofil	Selbsteinschätzung	Qualitätsprofil	Selbsteinschätzung	Qualitätsprofil	Selbsteinschätzung	Qualitätsprofil	Selbsteinschätzung	Qualitätsprofil
1 Meiner Gruppe steht täglich ein fester Gruppenraum zur Verfügung.	☐		☐		☐		☐		☐		☐	
2 Meiner Gruppe steht täglich mindestens ein weiterer Raum zur Verfügung.	☐		☐		☐		☐		☐		☐	
3 Der Raum bzw. die Räume meiner Gruppe ist/sind mit verschiedenartigen Bodenbelägen ausgestattet.	☐		☐		☐		☐		☐		☐	
4 Die Räume meiner Gruppe können durch unterschiedliche Ebenen, bewegliche Raumteiler und Nischen flexible von den Kindern genutzt werden.	☐		☐		☐		☐		☐		☐	
5 In Bereichen oder Räumen meiner Gruppe, in denen Kleinstkinder und jüngere Kinder auf dem Boden spielen, sind feste Beläge ausgelegt.	☐		☐		☐		☐		☐		☐	
6 In Bereichen oder Räumen meiner Gruppe, in denen Kleinstkinder und jüngere Kinder liegen oder krabbeln, sind weiche Beläge ausgelegt.	☐		☐		☐		☐		☐		☐	
7 Meiner Gruppe steht ein Raum zur Verfügung, in dem großräumiges Bewegen, Klettern, Springen, Rennen und Tanz möglich sind.	☐		☐		☐		☐		☐		☐	
8 In den Räumen meiner Gruppe ist der Tageslichteinfall regulierbar.	☐		☐		☐		☐		☐		☐	
9 Die Räume meiner Gruppe lassen sich gut belüften.	☐		☐		☐		☐		☐		☐	
10 Die Räume meiner Gruppe lassen sich angemessen temperieren.	☐		☐		☐		☐		☐		☐	
11 Die Bodenbereiche im meiner Gruppe lassen sich so temperieren, dass Kleinstkinder und jüngere Kinder auf dem Boden spielen können.	☐		☐		☐		☐		☐		☐	
Teamprofil für Räumliche Bedingugen/Innenbereich												
Räumliche Bedingugen/Außenbereich												
12 Fest installierte Geräte bieten den Kindern eine Vielzahl unterschiedlicher Spielmöglichkeiten (Schaukeln, Klettergerüste, Rutschen, Röhren, Sandkästen, Matschanlage).	☐		☐		☐		☐		☐		☐	
13 Die Kinder haben in einem gesonderten Bereich die Möglichkeit, Beete anzulegen.	☐		☐		☐		☐		☐		☐	
14 Das Außengelände wird von den Kindern täglich genutzt.	☐		☐		☐		☐		☐		☐	
15 Es gibt ein ausreichend großes Außengelände für die Kinder meiner Gruppe.	☐		☐		☐		☐		☐		☐	

Beispiel zur Erstellung der Situationsanalyse (Tietze, u. a., 2004, S. 96)

Links sind die Qualitätskriterien unter dem jeweiligen Qualitätsbereich aufgelistet und nach den sechs Leitgesichtspunkten gegliedert. Die Kriterien sind nicht in Frageform „müsste man", „sollte man", „hätte man" sondern in einer Aussageform formuliert, als seien sie schon realisiert. Für den ersten Teil der Qualitätsentwicklung, der Situationsanalyse, wird zunächst jeweils nur die linke dunkelblaue Spalte benötigt.

Einige Tipps und Anregungen

Wo ist mein „Drei-Würfelsymbol"?

Spezielle Kriterien für Kleinkinder sind mit einem „Drei-Würfelsymbol" gekennzeichnet. Das heißt, wenn Kinder unter drei Jahren in der Gruppe betreut werden, müssen diese Kriterien zusätzlich beantwortet werden. Es darf lediglich ein Kreuz gesetzt werden, also weder zwei Antwortmöglichkeiten noch Kreuze zwischen zwei Möglichkeiten, denn das richtige Ausfüllen ist Voraussetzung für den späteren Wertevergleich. Eine sechsstufige Skala differenziert genügend, weitere Unterteilungen bringen keine Verbesserungen. Außerdem vermeidet eine geradzahlige Skala die Flucht in die zentrale Tendenz (die mittlere, neutrale Ausprägung). Die Checkliste wird von jeder Fachkraft alleine bearbeitet. Es geht keineswegs darum, dass alle zu einer einheitlichen Einschätzung kommen, schließlich wird die aktuelle pädagogische Praxis und kein Wunschzustand bewertet. Im ersten Schritt wird nur die linke Spalte „Selbsteinschätzung" benutzt. Dieser Punkt verlangt Ehrlichkeit und Fähigkeit zur Selbstkritik. Es soll nämlich zu keiner gegenseitigen Beeinflussung kommen, die subjektive Einschätzung ist gerade grundlegender Sinn der Checkliste. Auch wenn es schwer fällt sich für einen Wert zu entscheiden, so soll man dies dennoch tun und gegebenenfalls die Gründe für die Unsicherheit notieren. Alle Mitarbeiter müssen wissen, dass die notierten Gründe der Unsicherheiten für die Weiterarbeit häufig wertvoller sind als die Bewertung selbst. Wird später festgestellt, dass die Einschätzungen divergieren, so hat sich niemand geirrt, es werden lediglich unterschiedliche Wahrnehmungen sichtbar, die wertvolle Ansatzpunkte für die weitere Arbeit aufzeigen können. Bezüglich der Checklisten ist es wichtig zu wissen, dass sie Fragen auslösen und zum Nachdenken anregen. Sie sollen nichts klären, sondern eben gerade im Gegenteil Fragen aufwerfen, um Bewegung und lebhafte Diskussionen in die Qualitätsentwicklung zu bringen.

Reflexion zur Situationsanalyse

Gibt es Gründe, weshalb wir mit einigen Punkten der Checkliste nicht einverstanden sind? Und weshalb? An dieser Stelle soll daraufhingewiesen werden, dass nicht alle Qualitätskriterien dieselbe Evidenz aufweisen und auf deren Realisierung – wenn Gründe dafür sprechen – man bewusst verzichten sollte. Durch weitere Fragestellungen wird abgeklärt, inwieweit sich der Mitarbeiter durch die Checklisten fachlich bestätigt fühlt oder worüber fachlicher Diskussions- und Klärungsbedarf besteht. Häufig wird hiermit ein Weiterbildungsbedarf angezeigt. Die Klärung auftretender Unklarheiten, Verständnisschwierigkeiten o.ä. beim Ausfüllen ist äußerst wichtig, damit Probleme nicht in die Weiterbearbeitung einfließen. Weitere mögliche Gedanken wären: „Was habe ich über die Stärken meiner Arbeit/Situation herausgefunden?"; „Welche Aspekte zur Situationsanalyse sollen dokumentiert werden?" oder „Gibt es Begrifflichkeiten, die geklärt werden müssen?".

zu 2: Qualitätsprofil der Einrichtung

Die Summe aller individuellen Selbsteinschätzungen ergibt das aktuelle Qualitätsprofil der Einrichtung und zeigt dem Team die Stärken und verbesserungs-bedürftigen Bereiche. Das ist ein wichtiger Ausgangspunkt für die Bestimmung von zukünftigen Qualitätszielen.

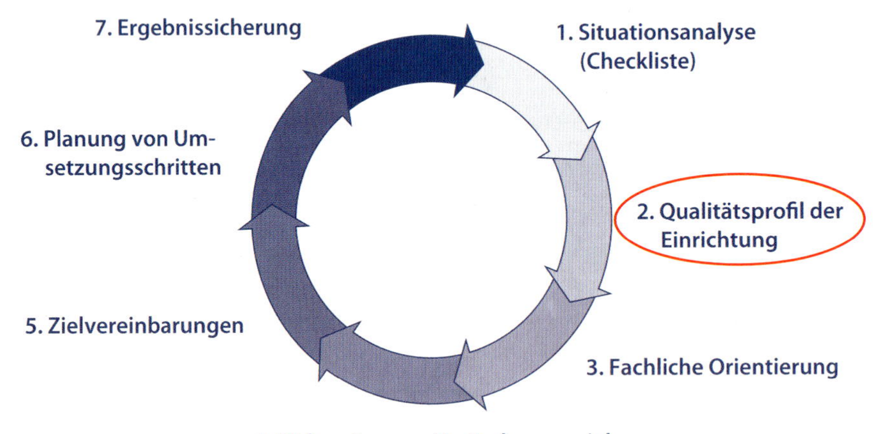

Merksatz

Eine niedrige Bewertung bedeutet nicht zwangsläufig ein großes Verbesserungspotenzial. An dieser Stelle ist die Fachkompetenz des Teams sehr essenziell. Unter Umständen kann auf aufwändige Verbesserungsmaßnahmen verzichtet werden, weil das betreffende Qualitätskriterium für die spezielle Einrichtung möglicherweise relativ geringwertig ist. In diesem Fall kann es ratsam sein, die Energien für effektivere Maßnahmen bereit zu halten.

Dies wiederum bedeutet keineswegs, dass die vom Team erzeugte Datenauswertung minderwertig ist. Beides gehört zusammen, Sachverstand und Datenauswertung.

Die Summenwerte der einzelnen Checklisten ergeben zunächst die Verteilung der einzelnen Qualitätsprofile (Zeile) und deren Addition (Spalte) die Teamprofile.

Eben kritisch aufgezeigte Aspekte gelten natürlich auch für die Teamprofile.

Räumliche Bedingugen/Innenbereich	überhaupt nicht/nie		weniger/ selten		teils-teils		zu einem guten Teil/ häufiger		überwiegend/ fast immer		voll & ganz/ immer	
	Selbsteinschätzung	Qualitätsprofil	Selbsteinschätzung	Qualitätsprofil	Selbsteinschätzung	Qualitätsprofil	Selbsteinschätzung	Qualitätsprofil	Selbsteinschätzung	Qualitätsprofil	Selbsteinschätzung	Qualitätsprofil
1 Meiner Gruppe steht täglich ein fester Gruppenraum zur Verfügung.	☐	5	☐	1	☐	0	☐	0	☐	3	☐	6
2 Meiner Gruppe steht täglich mindestens ein weiterer Raum zur Verfügung.	☐	0	☐	0	☐	0	☐	0	☐	0	☐	15
3 Der Raum bzw. die Räume meiner Gruppe ist/sind mit verschiedenartigen Bodenbelägen ausgestattet.	☐	5	☐	4	☐	4	☐	0	☐	0	☐	2
4 Die Räume meiner Gruppe können durch unterschiedliche Ebenen, bewegliche Raumteiler und Nischen flexibel von den Kindern genutzt werden.	☐	0	☐	0	☐	4	☐	4	☐	0	☐	7
5 In Bereichen oder Räumen meiner Gruppe, in denen Kleinstkinder und jüngere Kinder auf dem Boden spielen, sind feste Beläge ausgelegt.	☐	0	☐	0	☐	0	☐	0	☐	0	☐	15
6 In Bereichen oder Räumen meiner Gruppe, in denen Kleinstkinder und jüngere Kinder liegen oder krabbeln, sind weiche Beläge ausgelegt.	☐	0	☐	1	☐	3	☐	2	☐	8	☐	1
Teamprofil für Räumliche Bedingugen/Innenbereich		10		6		11		6		11		46

Ein Beispiel zur Erstellung des Qaulitätsprofils (Tietze u. a., 2004, S. 96)

Reflexion zum Qualitätsprofil

Zentral ist die Abklärung der Ursachen für die unterschiedlichen Einschätzungen. Darüber hinaus sollen auch Fragen nach verbesserungswürdigen Aspekten sowie individuellen Stärken geklärt werden. Außerdem ist es stets von Interesse bei welchen Aspekten eine übereinstimmende Meinung benötigt wird und wo Unterschiede zugelassen werden. Dafür muss die Themenliste nach Prioritäten sortiert werden. Hier bietet sich die Möglichkeit eigene, von der Bewertung abweichende wichtige Themen einzubringen.

Wie immer gilt der wichtige Grundsatz „weniger kann mehr sein". Ein oder zwei realisierte Qualitätsziele sind mehr als eine Überforderung durch etwa zehn oder noch mehr Vorhaben.

zu 3: Fachliche Orientierung

Der Qualitätsentwicklungsprozess kommt ohne gemeinsame Fachdiskussionen nicht aus. Deshalb beschäftigt sich das Team in dieser Phase mit bisher aufgeworfenen fachlichen Fragen einerseits und neuen Impulsen andererseits. Die Grundlage für diese

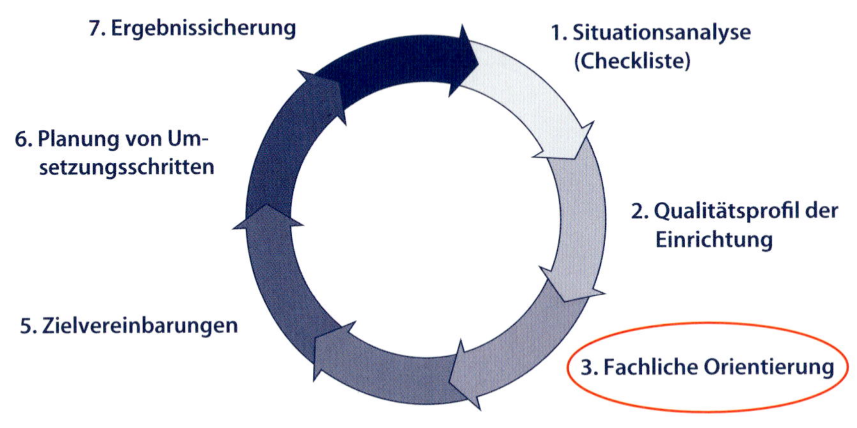

Fachdiskussion bildet unter anderem die vorliegende Dokumentation, resultierend aus den Schritten 1 (Situationsanalyse) und 2 (Qualitätsprofil der Einrichtung). Die Praxis zeigt, dass die gesammelten fachlichen Fragen der einzelnen Fachkräfte weitgehend identisch sind. Besonders effektiv und gewinnbringend für den weitern Qualitätsentwicklungsprozess ist ein aufgeschlossener und interessierter Umgang mit diesem Schritt. Hierzu sollte das gesamte Team die „fachliche Orientierung" als gemeinsame Fortbildung verstehen.

Übergeordnetes Ziel ist unter anderem die Schaffung einer fachlichen Übereinstimmung hinsichtlich der anzustrebenden Qualität. Dazu muss das Team eine gemeinsame Auswahl der umfangreichen Literatur treffen und die Themen trennscharf eingrenzen. Absprachen darüber, wer welche Themen erarbeitet, können hilfreich sein. Neben Fachliteratur können auch thematisch korrespondierende Weiter- oder Fortbildungsveranstaltungen sowie Diskussionsrunden und weitere Fachforen besucht werden. Sinnvoll ist eine projektartige Herangehensweise, sodass möglichst viele pädagogische Fachkräfte an diesem Prozess beteiligt sind. Dabei soll keine Bestätigung der bestehenden Meinung gesucht werden, dies würde unkonstruktive Konflikte nach sich ziehen. Zudem dürfen in der Einrichtung bislang noch nicht umgesetzte Aspekte nicht als unerreichbar angesehen werden. Vielmehr sollen sich alle Teammitglieder mit ihren individuellen Stärken und ihren entsprechenden Fortbildungen als Experten einbringen. Der Experte wirkt somit als Multiplikator indem er frisch erworbenes Wissen an die anderen Fachkräfte weitergibt. Dabei ist es wichtig, Pro- und Contra-Diskussionen zu führen, um das neue Wissen gedanklich auf die eigene Einrichtung zu übertragen und diese adäquat zu organisieren: Die Pro- und Contra-Diskussion wird methodisch so organisiert, dass z. B. zwei Frühpädagogen die Proposition übernehmen und zwei Pädagogen die Contraposition vertreten. Zusätzlich sollte jeweils ein Beobachter und Schriftführer anwesend sein.

Eine weitere äußerst effiziente Herangehensweise an den Qualitätsentwicklungsprozess, im Speziellen an die fachliche Orientierung, ist das so genannte Benchmarking. Dabei werden Exkursionen zum „Klassenbesten" unternommen, also zu jener Einrichtung, die bezüglich eines speziellen Fachbereiches bereits hervorragende Arbeit leistet und somit eine Vorreiterrolle spielt.

Definition
Benchmarking ist die vergleichende Analyse mit einem vorgegebenen Referenzwert. Die Arbeit der eigenen Einrichtung wird also mit den besten Vorgehensweisen und Prozessen in anderen Einrichtungen verglichen. Das Ziel ist, notwendige Veränderungen und Impulse zu identifizieren, um die Qualität der eigenen Dienstleistungen zu verbessern.

Die herausragende Leistung des Benchmarking-Partners kann sich auch nur auf einen speziellen Prozess oder einen Teilbereich beziehen, schließlich macht es keinen Sinn eine beliebige Einrichtung zu besuchen. Eingehende Recherchen zeigen auf, welche Einrichtung in dem gesuchten Bereich federführend ist. Lediglich die beste Einrichtung der Region bzw. auf nationaler/internationaler Ebene oder auf dem individuellen Spezialgebiet bietet die Möglichkeit einen hilfreichen und fundierten Lernzuwachs zu erreichen, um die eigenen Bemühungen stetig voranbringen zu können. Ebenso wichtig ist der fachliche Austausch über gemeisterte Hürden und Schwierigkeiten, die auf diese Art und Weise in der eigenen Einrichtung bereits im Voraus vermieden oder zumindest jedoch als Aufgabe eingeplant werden können. Voraussetzung für dieses Benchmarking ist die eigene Bereitschaft „offene Türen" zu haben um Benchmarking-Partnern oder auch anderen Einrichtungen dieselbe Unterstützung anbieten zu können. Neben diesen Vorteilen stellt dies eine gute Möglichkeit dar, sich noch direkter mit erfolgreichen Mitbewerbern zu vergleichen und weitere Verbesserungsstrategien zu identifizieren.

Als Vorbereitung für ein erfolgreiches Benchmarking wäre es sinnvoll, beispielsweise Impulsplakate mit herausfordernden Kernaussagen aufzuhängen. Diese können die Teammitglieder sukzessive um sinnstiftende Kommentare erweitern. Jede Aktion, die Fragen aufwirft und Kommentare einbringt, ist dabei erlaubt.

Reflexion zur fachlichen Orientierung:

Wichtige Aspekte der fachlichen Diskussion sollten für die weitere Arbeit dokumentiert werden. Da es jedoch schwierig ist bereits zu diesem Zeitpunkt abzuschätzen, welche Inhalte tatsächlich relevant sein werden, empfiehlt es sich präventiv eher mehrere Aspekte festzuhalten. Zentrale Fragen richten sich nach den Schwerpunkten der fachlichen Diskussion, nach der Nutzung verschiedener Grundlagen und Materialien, ob es einen Konsens gibt und worin Unterschiede bestehen, ob Fortbildungsbedarf besteht und welche Verabredungen für die inhaltliche Weiterarbeit bestehen.

zu 4: Diskussion von Veränderungszielen

In dieser Phase des Qualitätsentwicklungsprozesses werden Verbesserungen der pädagogischen Arbeit diskutiert und erreichbare, konkrete und überprüfbare Qualitätsziele definiert. Dies geschieht unter Einbeziehung aller Ergebnisse der fachlichen Orientierung sowie ausgehend von ausgewählten Merkmalen der Qualitätsbereiche. In der Pädagogik ist es mitunter schwierig, Ziele so zu formulieren, dass sie empirisch evaluiert werden können, also messbar und überprüfbar sind.

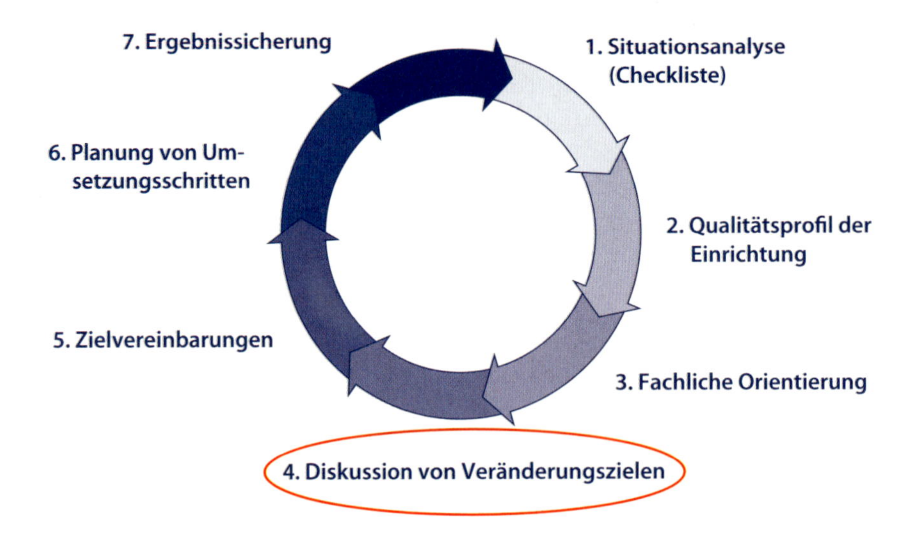

Zielsetzungen wie „Die Selbständigkeit der Kinder steht bei uns im Vordergrund" klingen zwar wichtig und bringen auch eine gemeinsame Orientierung des Teams zum Ausdruck, lassen jedoch konkrete Anforderungen, die an ein Qualitätsziel gestellt werden, vermissen.

Qualitätszielformulierung

Zunächst soll am Beispiel einer unzureichenden unvollständigen Zielformulierung verdeutlicht werden welche konkreten Angaben vermisst werden.

> ***Beispiel:*** *Der Erzieher sollte sich mit den Eltern regelmäßig über den Verlauf der Eingewöhnung und das Befinden des Kindes austauschen und die Ergebnisse in die weitere Planung der Eingewöhnung mit einbeziehen.*

Merksatz
Eselsbrücke für korrekt formulierte Qualitätsziele:

s	***pezifisch***	***worüber erfolgt eine Austausch***
m	***essbar***	***regelmäßig: mindestens 3-mal***
a	***kzeptabel***	***was hat sich dann verbessert?***
r	***ealistisch***	***nichtbeeinflussbare Bedingungen?***
t	***erminiert***	***wann soll das Ziel erreicht sein?***

Bedingungen, welche die Einrichtung nicht beeinflussen kann, sollten nicht Bestandteil von Zielformulierungen sein. Allerdings sollte explizit auf solche Umstände hingewiesen werden, wenn diese dem tatsächlichen Erreichen des Ziels entgegenstehen.

Die korrigierte, konkrete Zielformulierung lautet nach Beachtung obiger **smart-Formel**:

Beispiel: *Mit Beginn des neuen Kindergartenjahres im September finden neben dem Aufnahmegespräch mindestens zwei weitere Elterngespräche während der Eingewöhnungszeit des Kindes statt. Darüber hinaus teilt jeder Erzieher unserer Einrichtung den Eltern beim Abholen des Kindes mit, wie das Kind den Tag verbracht hat und welche Fortschritte hinsichtlich der Eingewöhnung gemacht werden. Er bespricht jeden neuen Schritt der Eingewöhnungsphase, die etwa fünf Monate dauern wird, vorab mit den Eltern und holt deren Meinung dazu ein.*

Ein Hindernis bei der Zielerreichung, die in der Regel nach fünf Monaten vollzogen ist, können zum Beispiel unregelmäßige Kindergartenbesuche des Kindes oder wechselnde Abholpersonen sein.

Formulierungen wie „sollte", „könnte" oder „müsste" sind grundsätzlich ungeeignet, eine Formulierung im Präsens ist immer zu bevorzugen. Dabei müssen – um die Qualität tatsächlich zu sichern – bereits gut eingeführte, gelungene Bereiche in der Einrichtung unbedingt beibehalten und gepflegt werden. Für die Qualitätsentwicklung empfiehlt es sich, lediglich wenige prägnante Ziele bzw. Prozesse zur Verbesserung auszuwählen. Hier gilt der Grundsatz: weniger formulierte und realisierte Ziele sind besser als viele zugesagte und am Ende doch nicht realisierte Ziele. Dabei sind zwei Überlegungen maßgeblich:

Was ist unerlässlich? Dazu gehören beispielsweise Mindeststandards oder gesetzlich vorgeschriebene Kriterien. Müssen diese unbedingt sofort realisiert werden?

Was ist ohne großen (zeitlichen und finanziellen) Aufwand gewinnbringend zu realisieren?

Zusätzlich zu Veränderungszielen im Team sind persönliche Veränderungsziele des pädagogischen Personals sowohl für die persönliche Motivation als auch für die eigene Weiterentwicklung von großer Bedeutung.

zu 5: Zielvereinbarungen

In dieser Phase der Qualitätsentwicklung geht es darum, auf Basis der vorangegangenen Entscheidungen hinsichtlich der Ziele und Veränderungen konkrete und für das gesamte

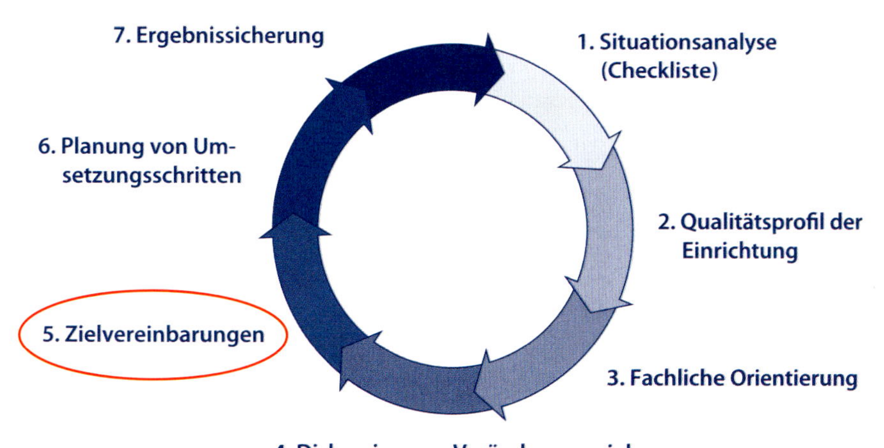

Team verbindliche Zielvereinbarungen festzulegen. Diese Zielvereinbarungen werden schriftlich fixiert, ihre Verbindlichkeit bestätigen alle Beteiligten durch ihre Unterschrift.

Eine wichtige Maxime ist, dass Absprachen, welche nicht schriftlich festgehalten wurden, quasi unbedeutsam sind. Zudem können sich bei fehlender Verschriftlichung Teammitglieder leichter aus der Verantwortung ziehen. Und dies folgenlos, da Missstände nicht eindeutig nachweisbar sind.

Zielvereinbarungen haben folgenden Inhalt:
- Sie beinhalten eine Qualitätszielbeschreibung.
- Sie definieren, welche Bereiche und Personengruppen angesprochen sind.
- Die Ausgangssituation (Ist-Stand im Qualitätsprofil) wird deutlich.
- Maßnahmen und einzelne Umsetzungsschritte
- Der Zeitrahmen kann erkannt werden.
- Mittel/Ressourcen die eingesetzt werden
- Beteiligte (Hauptverantwortliche, Mitverantwortliche) sind genannt
- Wie und wann wird die Zielerreichung überprüft?
- Unterschriften

Merksatz
Zielvereinbarungen werden heute weltweit als Führungsinstrument eingesetzt. Alles was nur besprochen und nicht ´professionell gemanagt` wird, bleibt also ohne Wirkung. Dieses Führungsinstrument wird üblicherweise als eine Grundlage bei Personalgesprächen verwendet. Alle Teammitglieder müssten sogar auf diese Formulierungen bestehen, „da diese Ziele nicht andere vor oder nach UNS realisiert, sondern diese Ziele haben WIR realisiert und umgesetzt."

zu 6: Planung von Umsetzungsschritten

In diesem Schritt werden konkret überprüfbare Schritte zur Erreichung eines Qualitätszieles benannt. Er beinhaltet darüber hinaus die zeitlichen, organisatorischen und inhaltlichen Aspekte. Wird ein Qualitätsziel in Teilschritte untergliedert, sollte bei jedem Teilziel

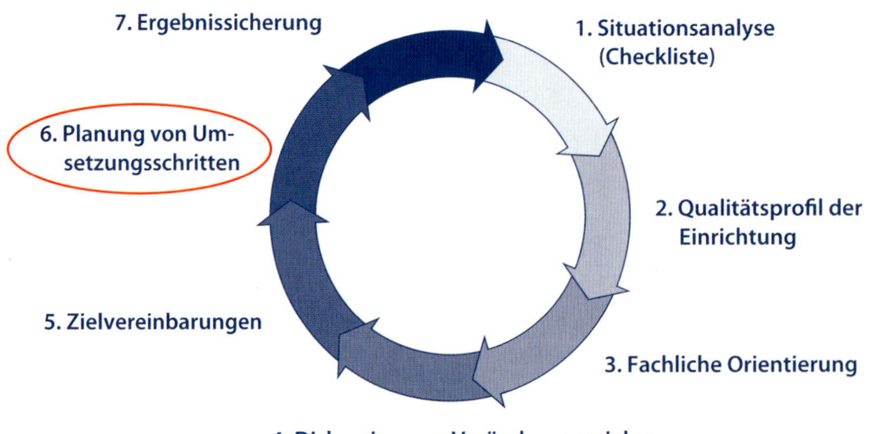

die „smart-Formel" zur Anwendung kommen. Vor allem muss geklärt werden, ob jeder der Einzelschritte auch in der vorgegebenen Zeit realisiert werden kann. In einem späteren Kapitel werden genügend Instrumente und Werkzeuge vorgestellt, die geeignete Unterstützung zur Realisierung dieser Ziele geben.

Reflexion zur Planung von Umsetzungsschritten

Dieser Schritt erfordert eine Fortführung der angelegten Dokumentation. Die Dokumentation umfasst hauptsächlich die Sammlung von Ideen, Ergebnissen, Fortbildungsbedarf, Umsetzungsproblemen, Hindernissen und Einwänden bzw. nicht bedachter Bedürfnisse und Interessen von Kindern, Eltern, Pädagogen, dem Team und dem Träger. Bei diesem Schritt sind persönliche Verhaltensziele und -schritte von jeder Fachkraft selbst zu planen und im eigenen Interesse weiter zu verfolgen.

zu 7: Ergebnissicherung

Mit der Ergebnissicherung wird festgestellt, ob ein Qualitätsziel wie geplant realisiert wurde und schließt den Zyklus der Qualitätsentwicklung für das gewählte Qualitätsziel ab. Bei umfangreichen und langfristig angelegten Qualitätszielen ist die Ergebnissicherung laufender Bestandteil des Umsetzungsprozesses. Dadurch können Schwierigkeiten frühzeitig erkannt werden und eine Korrektur ist somit zeitnah möglich.

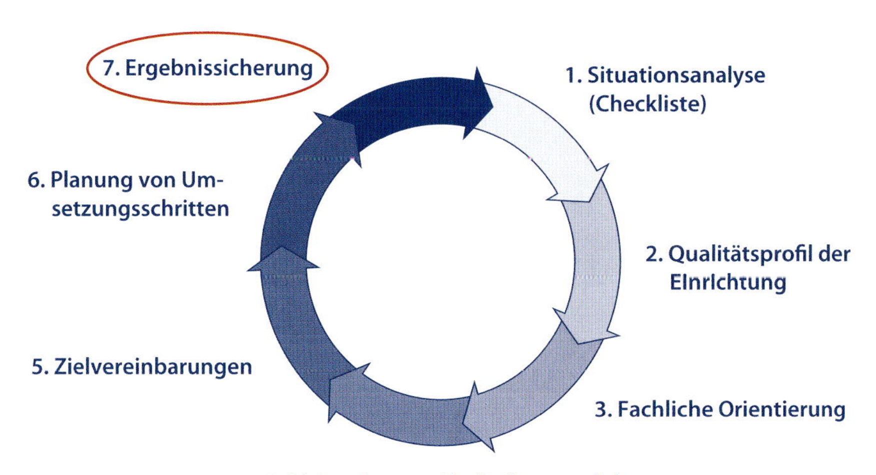

Nach Abschluss der Umsetzung soll eine gemeinsame Reflexion stattfinden. Besondere Hindernisse und Einwände, nicht beachtete Bedürfnisse und Interessen der Kinder sind zu hinterfragen. Ganz konkret ist die Frage zu beantworten, ob die ursprüngliche Planung korrigiert werden muss oder beibehalten werden kann. Also: entspricht das Ergebnis der Zielvereinbarung? Welche Wirkungen sind darüber hinaus eingetreten/nicht eingetreten. Was hat sich für wen verbessert; gibt es eventuell Nachteile für Einzelne? Welche sonstigen Anforderungen und Konsequenzen ergeben sich aus dem Ergebnis?

Mit der Ergebnissicherung ist die sieben-stufige Qualitätsentwicklung beendet. Möglicherweise haben sich bei der zurückliegenden Arbeit wiederum neue Fragen und Themen ergeben, die in einem weiteren Durchlauf unter Einbeziehung weiterer Qualitätsbereiche und Kriterien aus dem nationalen Kriterienkatalog bearbeitet werden können. Oder aber das Ziel wurde nicht den Anforderungen des Teams entsprechend erreicht und muss noch detaillierter ausgearbeitet werden um den angestrebten Soll-Zustand tatsächlich zu erreichen.

Trainiere Mitarbeiter ständig in der Anwendung moderner Methoden und stärke dadurch auch ihr Qualitätsbewusstsein!

Deming (Regel 6)

4.2 Das Deutsche Kindergartengütesiegel

In der Industrie und im Verkauf gibt es unzählige Gütesiegel und Qualitätszeichen, die uns die Kaufentscheidungen erleichtern sollen. Wer hat nicht schon einmal nach Empfehlungen von „Stiftung Warentest" geschaut, als er sich ein neues Produkt kaufte?

Mit dem „Deutschen Kindergartengütesiegel" wurden überprüfbare Qualitätsstandards geschaffen, die in einem unabhängigen Verfahren aufgestellt wurden und eine Grundlage zur empirischen Gütesiegelprüfung darstellen. Ziel ist es, umfassende Qualitätsstandards zu schaffen, die überall in gleichem Maße Anwendung finden können. Das Kindergartengütesiegel umfasst die drei Qualitätsbereiche Struktur-, Prozess- und Orientierungsqualität, die aufgenommen wurden, da sie als Hinweis für kindliches Bildungs-Outcome gelten. Vierter Bereich sind die Eltern als zentrale Experten ihrer Kinder. Diese Qualitätsdimensionen haben innerhalb des Gütesiegels unterschiedliche Gewichtungen: Prozessqualität 40 %, Strukturqualität 30 %, Orientierungsqualität 15 % und Familienbezug ebenfalls 15 %.

Die vier Qualitätsbereiche Struktur-, Prozess-, und Orientierungsqualität sowie ergänzend der Familienbezug, wurden nach drei Gesichtspunkten ausgewählt:

- Sie dürfen keine niedrigere Punktzahl, als die gesetzlichen Bestimmungen erreichen.
- Die Übereinstimmung mit nationalen und internationalen Standards sollte gegeben sein.
- Es sollten nur Aspekte in die Qualitätsbereiche aufgenommen werden, die in Kindertageseinrichtungen erfüllbar sind.

In diese vier Qualitätsebenen, zu denen auch die Strukturqualität zählt, werden unterschiedliche Einzeldimensionen, wie z. B. Raumgröße und Personalschlüssel, mit einbezogen. In jeder Qualitätsdimension können durch Beobachtung Werte ermittelt werden, die in den Dimensionsindex einfließen, und als zentrale Beurteilungsbasis zur Verfügung stehen.

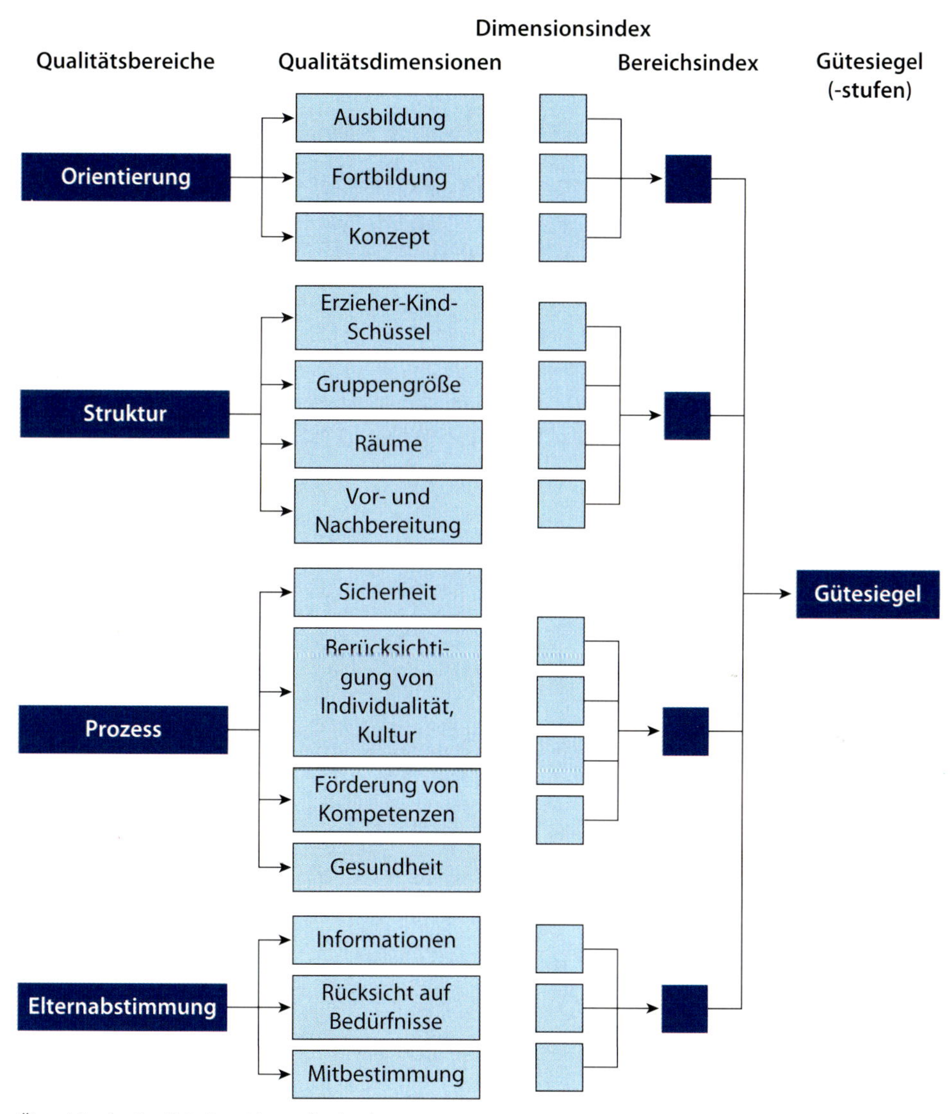

Übersicht der Qualitätsbereiche und Indexdiemnsionen (Tietze/Förster u. a., 2005)

Gute Kindertageseinrichtungen wirken sich positiv auf die Entwicklung der Kinder aus. Deshalb ist das Bemühen um die Einführung eines Gütesiegels empfehlenswert. Des Weiteren ist eine gute pädagogische Qualität in Kitas mit folgenden Aspekten verbunden: weniger Klassenwiederholungen, höherer Bildungsweg, höherer IQ-Wert, höhere Sozialeinnahmen und geringere Sozialleistungen, die in Anspruch genommen werden (vgl. Dohmen, 2005). Aus diesen Aspekten heraus, sowie aus einer in den USA durchgeführten Studie, in der sich zeigte, dass Personen, die in der Kindergartenzeit bessere Einrichtungen besuchten im Schnitt 2 000 US-Dollar im Monat mehr verdienen, kann man schließen, dass die Einführung eines Gütesiegels sinnvoll ist.

Aufgaben

1. *Erläutern Sie den Zusammenhang zwischen dem Nationalen Kriterienkatalog und dem Qualitätskreis der pädagogischen Qualitätsentwicklung.*
2. *Was bedeutet Benchmarking? Wann können Tageseinrichtungen für Kinder davon profitieren? Finden Sie fünf mögliche Situationen und beschreiben Sie diese auch unter Berücksichtigung der „fremden Einrichtung", also der Vergleichseinrichtung beim Benchmarking.*
3. *Nennen Sie die „Eselsbrücke" für Qualitätsziele und zeigen Sie die einzelnen Elemente an einem selbstgewählten Beispiel auf.*
4. *Internetrecherche:*
   Suchen Sie in Kleingruppen im Internet nach unterschiedlichen nationalen und internationalen Standards für Qualität in Kindertageseinrichtungen.

5 Methoden/Werkzeuge der Qualitätsentwicklung

Im Folgenden werden nun Methoden aufgezeigt, welche die zielgerichtete Arbeit im Qualitätsmanagement unterstützen und bereichern können. Einige Instrumente sind sicher den meisten Lesern bekannt und sollen lediglich ins Bewusstsein gebracht werden, andere hingegen werden den Meisten neu sein.

5.1 Methode: Symbolkarten

Anwendung: Zum Einstieg in ein neues Themen- bzw. Aufgabengebiet.

Ziel: Mithilfe von Assoziationen soll zum Nachdenken angeregt werden.

Vorgehen: Nachdem der Moderator die Einstiegsfrage gestellt hat, darf sich jeder Teilnehmer ein ausgelegtes Bild, einen Impuls oder eine Frage, welche für ihn am treffendsten in Verbindung mit der Einstiegsfrage steht aussuchen. Später soll dann erläutert werden, weshalb er dieses Symbol zum Thema gewählt hat.
Dies ist also eine Kreativitätsmethode basierend auf Assoziationen.

Material: Kunstkarten, Fotos, Reklameblätter, Ansichtskarten, Bilder aus Illustrierten, Sprüche und anderes

5.2 Methode: Brainstorming

Anwendung: Informationsaustausch

Ziel: Sammlung von Ideen bzw. Feststellung von Vorerfahrungen und Vorkenntnissen.

Vorgehen: Es erfolgt spontan. Ohne Kontrolle auf Sinnhaftigkeit und Machbarkeit werden Gedanken und Ideen zum Thema schriftlich festgehalten (an Flipchart, Overhead, Tafel oder per Wortkarten). Danach erfolgen Auswertung bzw. Sortierung der Ideen und eine individuelle Erläuterung oder Kurz-Diskussion in der Gruppe.

Studierende einer Fachakademie wenden Brainstorming an.

Regeln: Jede Idee ist willkommen. Beiträge während der Sammelphasen werden nicht kommentiert. Ideen anderer aufzugreifen und weiterzuspinnen ist erwünscht. Alles was gefällt, soll genannt werden, um dabei möglichst viele Ideen zu sammeln.
Die Leitfragen dieser wohlbekannten Methode sind:

- Welche Ideen haben wir zu…?
- Wie sollten wir vorgehen?
- Welche Ziele streben wir an?

5.3 Methode: Kartenabfrage

Anwendung: Vorgehensplanung, Ideensammlung sowie zur Findung wichtiger Fragen, Themen und Lösungsansätze

Ziel: Visualisierung von Denkprozessen hinsichtlich neuer Ideen, Fragen, Themen und Lösungen.

Vorgehen: Veranschaulichung der Problemstellung mit nur einem Gedanken pro Karte. Der Kartenersteller liest seine Karte vor und pinnt diese an eine Pinnwand. Kommentare sind nur vom Kartenersteller selbst gestattet. Danach werden Cluster mit Oberbegriffen gebildet.

Anmerkung: Die Anonymität als Besonderheit bei der Kartenabfrage „um auch kritische Stimmen und Außenseiterpositionen einzufangen" ist nicht empfehlenswert. Das Anliegen der pädagogischen Fachkräfte ist es Kinder zu mündigen Bürgern zu erziehen – deshalb sollten sie selbst mit gutem Beispiel voran gehen und die eignen Gedanken begründen und rechtfertigen können. Spätestens bei Fragen zur inhaltlichen Verdeutlichung wird sich der Kartenersteller zu erkennen geben (müssen) und erläutern was ihn zu dieser Karte bewogen hat.

Beispiel: Kartenabfrage zum Thema „Situation beim Essen" nach Clusterbildung in die Oberbegriffe:

- Raum
- Aufgaben der Pädagogen
- Regeln
- Anforderungen

Thematisch zusammengehörende Ideen werden hier in vier Clustern, d. h. Gruppen, gesammelt und unter einem Oberbegriff subsummiert. Mit nachfolgenden Methoden wird diese Sammlung dann weiter aufgearbeitet und verwertet.

Raum	Aufgaben der Pädagogen	Regeln	Anforderungen
• kindgerechte Möbel • gemütliche Atmosphäre • kleine Tischgruppen schaffen • bessere Schalldämmung einbauen • Kinder gestalten den Raum selbst • Raum sollte renoviert werden	• Erzieher redet mit Kindern • Erwachsene essen gemeinsam mit den Kindern • Jüngere Kinder brauchen mehr Hilfe • Erzieher sollen für mehr Ruhe sorgen • Tischregeln sollten kontrolliert werden	• Kinder waschen sich die Hände • Kinder decken den Tisch • Kinder entscheiden wie viel sie essen • Kinder essen mit Freunden	• Essen sollte mehr Abwechslung haben • mehr frischer Salat • anderer Lieferant? • Essen muss für alle Familien bezahlbar sein

5.4 Methode: Kugellager

Anwendung: Einstieg in ein neues Themen- bzw. Aufgabengebiet

Ziel: Erster Austausch von Gedanken und Meinungen zu einem Thema, Problem oder einer Frage

Vorgehen: Es werden zwei Stehkreise mit jeweils gleich vielen Teilnehmern gebildet (zwei Personen stehen sich jeweils gegenüber). Auf Frage bzw. These der Leitung hin teilt ein Teilnehmer des Außenkreises seinem gegenüberstehenden Partner des Innenkreises seine Ansichten und Gedanken zu der gestellten Frage mit. Der Innenkreisteilnehmer fasst Gehörtes zusammen und trägt die eigenen Gedanken dem Gegenüber mit. Auf Signal der Leitung dreht sich der Außenkreis um einen Platz nach rechts weiter und der Innenkreis um einen Platz nach links weiter. D. h. während des zweiten Gespräches stehen sich die beiden Personen, welche durch die hellblauen Kreise symbolisiert sind gegenüber. Somit sprechen nie Teilnehmer, die direkt über Kreuz standen miteinander, denn diese könnten zuvor schon Gedanken des jeweils anderen aufgegriffen haben. Beide Kreise sollten sich mehrere Male drehen damit viele Gedanken ausgetauscht werden. Abschließend werden wesentliche Punkte benannt und festgehalten.

Anmerkung: Ein großer Vorteil dieser Kreativitätsmethode, welche auf Assoziationen und Spontaneität beruht, ist die Beteiligung aller Anwesenden, da jeder bei einem Wechsel etwas sagen musss.

5.5 Methode: Mind-Mapping

Anwendung: Kreativitätsförderung, Problemlösung, Gliederung von Themen und komplexe Planung

Ziel: Strukturierung von Arbeitsabläufen, Sammlung und Systematisierung von Ideen, Feststellung von Vorerfahrungen und Vorkenntnissen

Vorgehen: In der Tafelmitte wird ein Thema, Begriff oder Ziel geschrieben und umrandet. Dann werden wichtige Aspekte wie Hauptäste eines Baumes an die zentrale Umrandung angefügt und diese wiederum in Zweige und Nebenzweige verästelt.

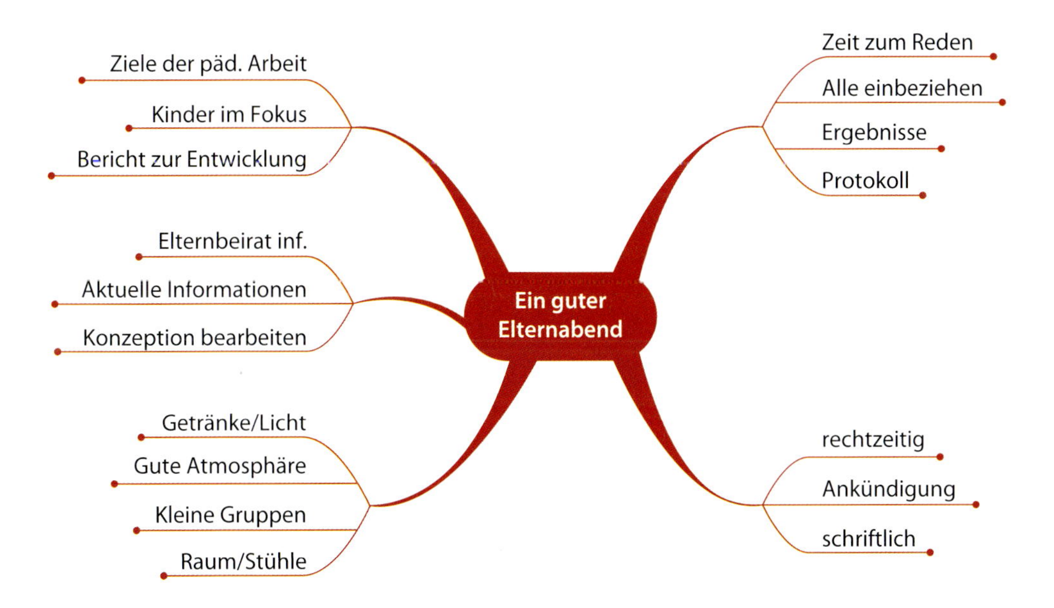

Diese Methode wurde von Toni Buzan entwickelt, um Gedanken und Ideen aufzuschreiben ohne sich dabei an eine bestimmte Reihenfolge halten zu müssen. Sie nutzt die assoziativen Strukturen unseres Denkens, indem sie sich an das Hin- und Herhüpfen der Gedanken anpasst. Trotz – oder gerade wegen – dieser Dynamik der Methode sind die Ergebnisse anschaulich und gut strukturiert.

5.6 Methode: Arbeits- und Zeitplan

Anwendung: Eine Gesamtübersicht der zu erledigenden Aufgaben schaffen.

Ziel: Konkrete Planung von Maßnahmen und Vorgehensweisen mit einem Zeitraster

Vorgehen: Alle Aufgaben die zu erledigen sind werden im Plenum aufgeschrieben und verteilt. Außerdem wird ein fester Zeitpunkt ausgemacht, bis wann der Auftrag erledigt sein muss.
In den folgenden Sitzungen sollte der aktualisierte Arbeits- und Zeitplan ein wichtiger Tagesordnungspunkt sein.

Beispiel:

Aktivität	Wer ist zuständig?	Wie? Wo? Womit?	Bis wann?	Erledigt?
1. Einladung				
1.1 Moderation				
1.2 Protokoll				

Anmerkung: Mithilfe dieser Methode können bereits gesammelte Ideen, Anregungen und definierte Aufgaben weiter verfolgt und bearbeitet werden. Es ist eine gute Möglichkeit keine Anregung und Idee zu verlieren.

5.7 Methode: Flussdiagramm

Anwendung: Wenn strukturierte Darstellungen von Vorgängen, Abläufen, Prozessen etc. eindrücklich vor Augen geführt werden sollen, kommt diese Methode zum Einsatz.

Ziel: Erkennen von Lücken, Fehlerquellen oder Schnittstellenproblemen, Dokumentation von Prozessen

Vorgehen: Für die bildliche Darstellung der einzelnen Prozessschritte werden im Flussdiagramm einprägsame Symbole verwendet. Zunächst wird der Ist-Zustand aufgenommen als Entwicklungsbasis für den anzustrebenden (fehlerfreien) Sollzustand.

Für die Darstellung und Bearbeitung komplexer Aufgabenstellungen ist die Erstellung eines Flussdiagramms zweckmäßig manchmal sogar unumgänglich oder unverzichtbar.

Das Flussdiagramm arbeitet mit leicht einzuprägenden Symbolen.

Dokument
Tätigkeit
Entscheidungsraute (Pfeil nach rechts „NEIN“; Pfeil nach unten „JA“)

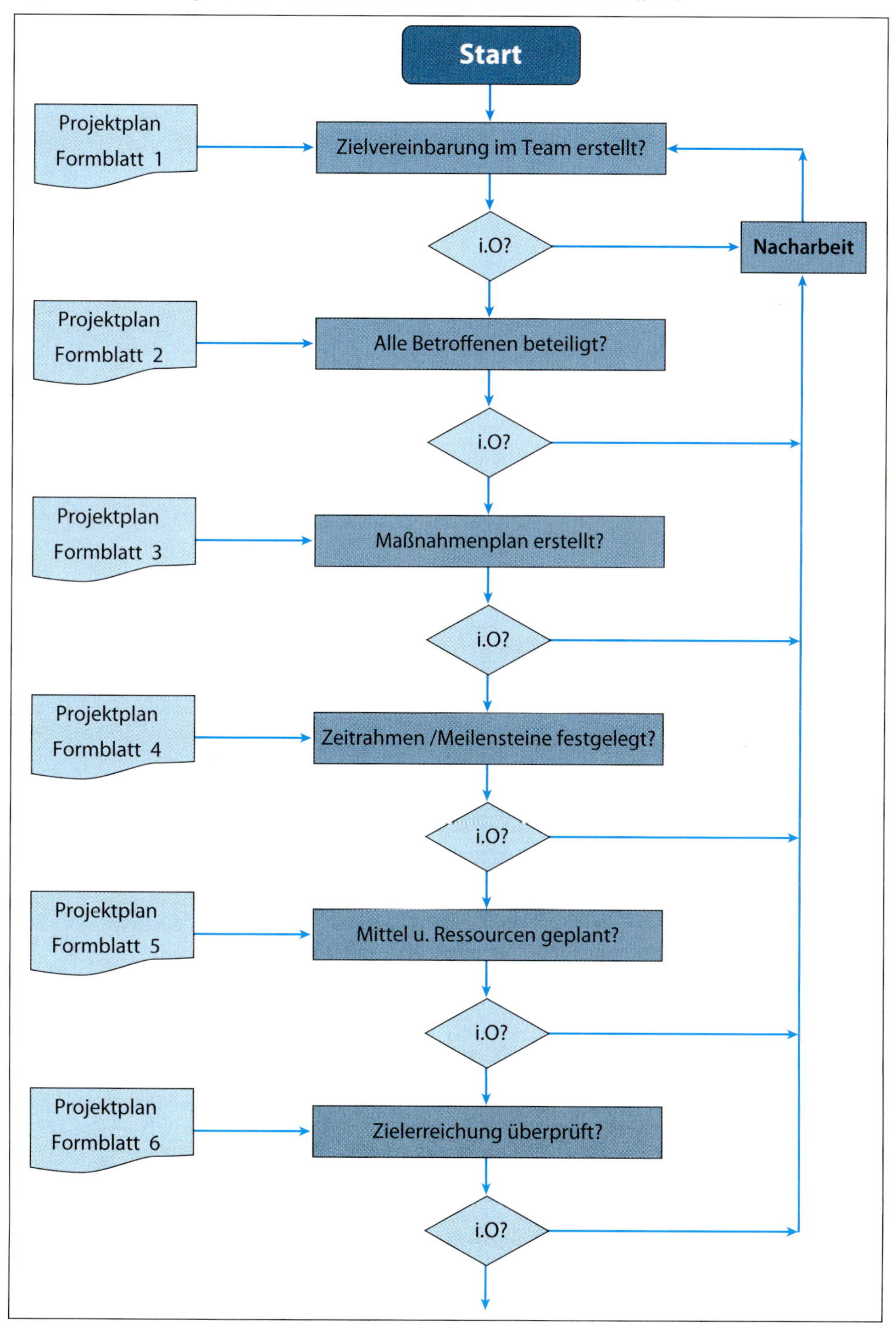
Start
Projektplan
Formblatt 1
Zielvereinbarung im Team erstellt?
i.O?
Nacharbeit
Projektplan
Formblatt 2
Alle Betroffenen beteiligt?
i.O?
Projektplan
Formblatt 3
Maßnahmenplan erstellt?
i.O?
Projektplan
Formblatt 4
Zeitrahmen /Meilensteine festgelegt?
i.O?
Projektplan
Formblatt 5
Mittel u. Ressourcen geplant?
i.O?
Projektplan
Formblatt 6
Zielerreichung überprüft?
i.O?

Wichtig beim Flussdiagramm ist das Einordnen der Abfolge, also die Beantwortung der Frage „Was muss zuerst gemacht werden, damit die nachfolgenden Aufgaben überhaupt in Angriff genommen werden können?"

Der häufigste Einsatzbereich ist allerdings in der Problemerkennung zu sehen, diese Anwendung nennt man dann „Imagineering".

5.8 Methode: Prüfbogen

Anwendung: Zur Feststellung, wie oft bestimmte Ereignisse geschehen

Ziel: Meinungen werden in Fakten umgesetzt.

Vorgehen: Es werden z. B. die zu untersuchenden Ereignisse gezählt. Dabei ist es wichtig auf den zeitliche Rahmen für die Datensammlung und die Homogenität zu achten. Ansonsten sind Gruppierungen, wie etwa altersspezifische Gruppen oder nach Länge der Betreuungszeit zu empfehlen.

Beispiel: Ursache für Störungen während des Tagesablaufes

Grund	Tag					Gesamt
	Montag	Dienstag	Mittwoch	Donnerstag	Freitag	
Räumlichkeit	IIII	III	IIII	II	IIIII III	21
Außenbereich	IIIII III	IIIII I	IIII	IIIII I	IIIII II	31
Materialien	IIII	I	III	I	IIII	13
Eltern	II		I		II	5
Gesamt	18	10	12	9	21	70

Der Prüfbogen gibt eine leicht verständliche Antwort auf die Frage „Wie oft geschehen bestimmte Ereignisse". Sie setzen Meinungen in Fakten um. Man kann an den Zahlen sehr leicht erkennen, welcher Wochentang z. B. der störungsanfälligste Tag ist und welche Gründe die Hauptursache darstellen.

5.9 Methode: Punktabfrage

Anwendung: Entscheidungen vorbereiten und herbeiführen

Ziel: Meinungen, Stimmungen, Interessen oder Erwartungen werden sichtbar.

Vorgehen: Teilnehmer vergeben ihre Punkte auf einer Skala oder in einem Koordinatensystem zwischen zwei Polen, dadurch entsteht ein differenziertes Meinungsbild.

Für das nachfolgende Beispiel wurde nicht die einfache Skala, sondern ein Koordinatensystem gewählt. Es handelt sich um die Form der Einpunktabfrage (jeder Teilnehmer erhält lediglich einen Punkt). Allerdings ist auch eine Mehrpunktabfrage möglich: hier werden dann meistens Punkte in unterschiedlichen Farben ausgeteilt um sogleich eine tendenzielle Abstufung der individuellen Einschätzung abgeben zu können.

Beispiel: Wie groß schätzen Sie den möglichen Erfolg feinmotorischer Förderung in Abhängigkeit der Altersstufe?

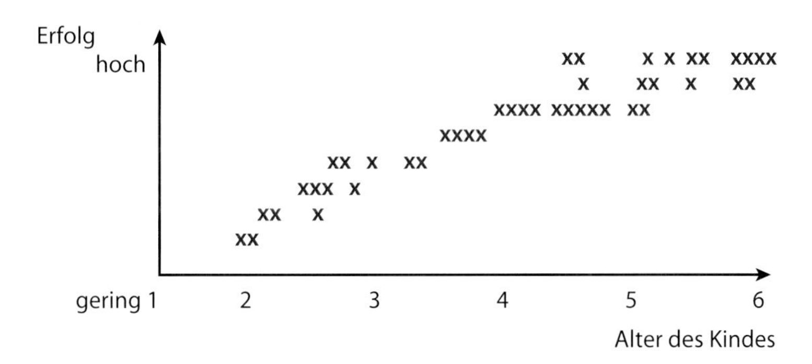

Wichtig bei der Punktabfrage ist die eindeutige Formulierung der gestellten Frage. Es kann immer nur ein Aspekt erfragt werden, niemals zwei oder mehr – es stehen schließlich nur zwei Achsen im Koordinatensystem zur Verfügung, welche einen Aspekt hinsichtlich zweier Kriterien beleuchten.

5.10 Methode: Ursachen- und Wirkungsdiagramm (Ishikawa-Diagramm)

Wegen seiner Form auch Fischgrätendiagramm genannt.

Anwendung: Aufzeigen der Beziehungen zwischen Problemen (Wirkung) und allen wichtigen Einflussgrößen (Ursachen).

Ziel: Mit dieser Methode wird eine genaue Untersuchung eines Problems in allen Facetten ermöglicht, um zu verhindern, dass nicht vorschnell Lösungen angeboten werden ohne den Veränderungsbereich ausreichend analysiert zu haben.

Vorgehen: Nach der Problembeschreibung (Leitfrage) wird mithilfe eines formalen Brainstormings oder der Prüfbogenmethode nach möglichen Ursachen geforscht. Ausgehend vom zu lösenden Problem fährt man weiter nach links bis man schließlich bei den Ursachen des Problems angelangt ist. Dies bedeutet also, dass im ersten Schritt die Leitfrage formuliert wird und anschließend die Ursachengruppen ermittelt und bearbeitet werden.
Danach erfolgt eine Clusterbildung der Ursachen, das heißt eine sinnvolle Zusammenfassung in Untergruppen (z. B. Management, Mensch, Methode, Material, Mit-/Umwelt)
Nach erfolgter sinnvoller Zuordnung werden die unmittelbaren und sofort behebbaren Ursachen durch geeignete Maßnahmen beseitigt. Alle anderen Ursachen werden auf einer Prioritätenliste gewichtet. Das Ishikawa-Diagramm eignet sich auch dann sehr gut, wenn im Team Unklarheiten oder Uneinigkeiten darüber bestehen, welches das zentrale Problem ist, das zukünftig im Rahmen des QM vorrangig thematisiert/verbessert werden soll.

Beispiel:

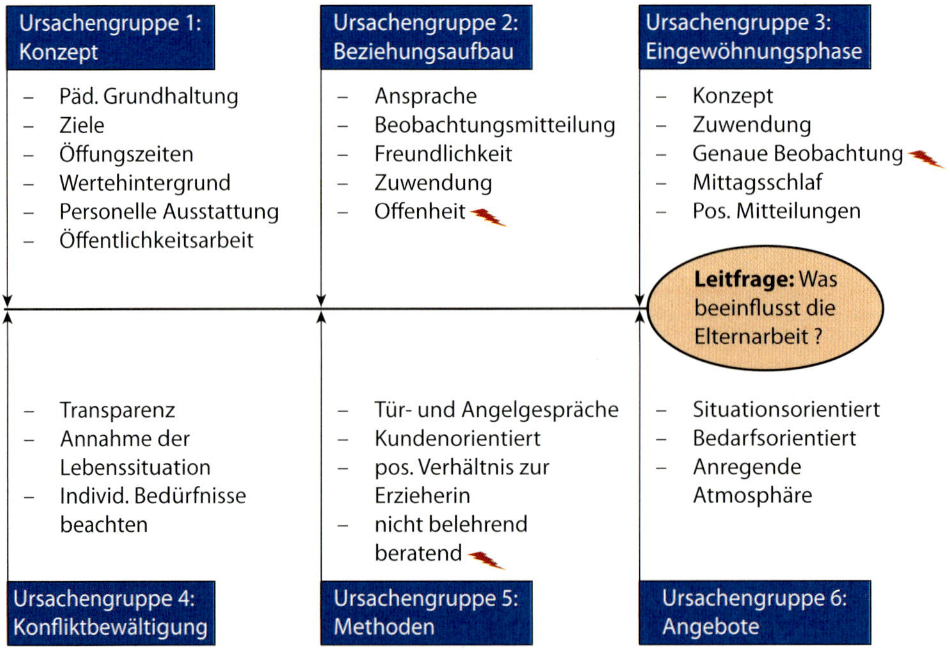

Ursachengruppe 1: Konzept
- Päd. Grundhaltung
- Ziele
- Öffungszeiten
- Wertehintergrund
- Personelle Ausstattung
- Öffentlichkeitsarbeit

Ursachengruppe 2: Beziehungsaufbau
- Ansprache
- Beobachtungsmitteilung
- Freundlichkeit
- Zuwendung
- Offenheit

Ursachengruppe 3: Eingewöhnungsphase
- Konzept
- Zuwendung
- Genaue Beobachtung
- Mittagsschlaf
- Pos. Mitteilungen

Leitfrage: Was beeinflusst die Elternarbeit ?

- Transparenz
- Annahme der Lebenssituation
- Individ. Bedürfnisse beachten

Ursachengruppe 4: Konfliktbewältigung

- Tür- und Angelgespräche
- Kundenorientiert
- pos. Verhältnis zur Erzieherin
- nicht belehrend beratend

Ursachengruppe 5: Methoden

- Situationsorientiert
- Bedarfsorientiert
- Anregende Atmosphäre

Ursachengruppe 6: Angebote

Bei der abschließenden Bewertung sind jene Faktoren zu kennzeichnen, welche dringend verbessert werden müssen.

Pflege moderne Führungsmethoden die den Mitarbeitern helfen, ihre Arbeit besser zu machen!

Deming (Regel 7)

5.11 Methode: Pareto-Diagramm

Anwendung: Hilfe zur Entscheidung, in welcher Reihenfolge Probleme am besten zu lösen sind.

Ziel: Die Aufmerksamkeit soll mithilfe der Datenerfassung (z. B. Prüfbogen) auf die wirklich kritischen Punkte gerichtet werden. Das Pareto-Diagramm wurde von dem bedeutenden Nationalökonom und Soziologen Vildredo Pareto (1848–1923) entwickelt und ist eine Sonderform des Balkendiagramms. Die Untersuchung der größten Balken wird für eine Lösung effektiver sein als die Arbeit mit unbedeutsamen Problemen.
Pareto weist insbesondere darauf hin, dass die Beseitigung der am häufigsten auftretenden Probleme nicht immer den größten Mitteleinsatz erfordert.

Merksatz
Von Pareto gibt es hierzu eine Faustformel, die so genannte 80:20-Regel, die besagt, dass 20 % der Ursachen 80 % der Probleme ausmachen!

Vorgehen: Erkennen von wesentlichen Problemen mithilfe von verschiedenen Messgrößen wie Häufigkeit, Kosten (Stundenaufwand) etc. (siehe Abbildung links). Aufgrund der 80:20-Regel wird dann die Problemhäufigkeit beispielsweise mit den Kosten für ihre Beseitigung gegenübergestellt.

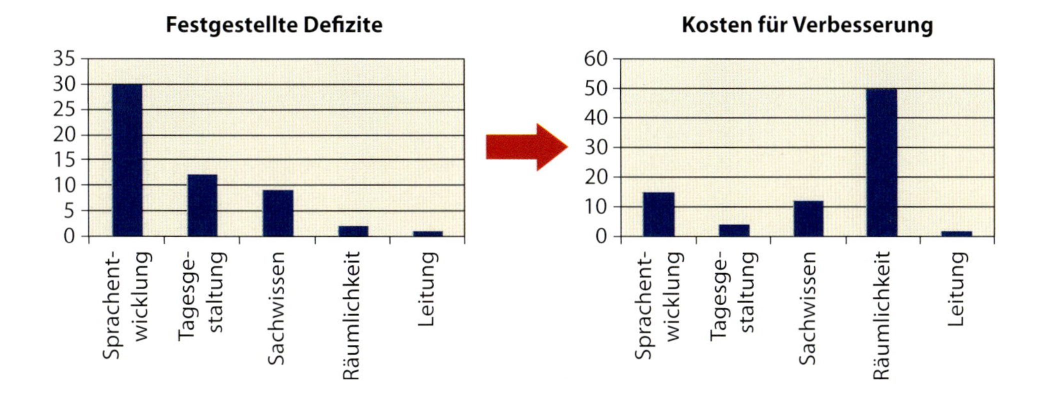

Niemand würde hier auf die Idee kommen den Problembereich „Räumlichkeit" zu verbessern, da diesem relativ geringen Problem hohe Verbesserungskosten gegenüberstehen. Die Defizitbeseitigung im Bereich „Tagesgestaltung" wäre hingegen nahezu ohne Kostenaufwand zu erreichen. Da jedoch die Sprachentwicklung für die Entwicklung der Kinder sehr bedeutsam und wesentlich ist, sollten diese Kosten auf jeden Fall investiert werden um zukünftig bessere Fördermöglichkeiten anbieten zu können.

5.12 Methode: Interview

Anwendung: Informationsbeschaffung

Ziel: Ideen und/oder Erklärungen zu Problemen und Sachfragen einholen

Vorgehen: Das Interview muss gut geplant, vorbereitet und ausgewertet werden. Interviews sind gezielte Gespräche mit ausgesuchten Personen oder kleineren Gruppen. Dabei existieren unterschiedliche Fragestrukturen.

Studierende der Fachakademie beim Interview.

Beim geschlossenen Interview können aus vorgegebenen Antwortalternativen eine oder mehrere ausgewählt werden. Dies ist sinnvoll, wenn mögliche Lösungen bereits im Raum stehen und lediglich die Häufigkeit der Zustimmung erhoben werden soll.

Frage: Wie soll mein Kind in der Mittagspause verpflegt werden?

Antworten:

1. Es bringt von zu Hause einen kleinen Imbiss mit.
2. Es bekommt in der Kita eine warme Mahlzeit.
3. Die Kita bietet einen kleinen (kalten) Imbiss an.

Ferner können Ja/Nein Fragen gestellt werden.

Frage: Mein Kind bringt ein gesundes Getränk (Mineralwasser, ungesüßten Tee oder Fruchtsaftschorle) von zu Hause mit.

1. Ja
2. Nein

Beim offenen Interview wird eine Frage ohne Antwortalternativen dargeboten. Die Interviewten bekommen viel Spielraum und die Chance, dass bislang unberücksichtigte Gedanken und Aspekte angesprochen werden könnten. Allerdings geht damit auch die Gefahr einher, dass Fragen evtl. nicht präzise genug formuliert sind, falsch verstanden werden oder die Antworten viel zu ausführlich gegeben werden. Diese dritte Möglichkeit ist für die Auswertung am aufwändigsten.

Frage: Zukünftig hat die Einrichtung über Mittag geöffnet, sodass die Kinder auch eine Verpflegung benötigen. Nennen Sie uns aus diesem Grund bitte Ihre Wünsche.

5.13 Methode: Ergebnisprotokoll

Anwendung: Alle Teammitglieder sollen lernen Protokolle zu führen, da diese Methode im sozialpädagogischen Bereich wie etwa bei Dienstbesprechungen, Elterngesprächen, Fortbildungen oder auch Entwicklungsplangesprächen regelmäßig angewendet werden kann.

Ziel: Festhalten von Absprachen, Planungen und Ergebnissen aus Veranstaltungen, Besprechungen und Projekten

Vorgehen: Folgende Punkte dürfen in einem Ergebnisprotokoll nicht fehlen:

1. Datum, Ort
2. Beginn und Ende der Besprechung
3. Name der Gesprächsleitung, von An- und Abwesenden sowie des Protokollanten
4. Agenda (Tagesordnungspunkte – TOP genannt)
5. Ergebnisse zu TOP 1 . . . . . TOP X
6. Anträge und Beschlüsse mit Anzahl der Zu- bzw. Gegenstimmen und Enthaltungen.
7. Arbeitsaufträge, Recherchen, Fortbildungen etc., die jemand übernehmen soll/möchte
8. Themenwünsche oder –vorschläge für zukünftige Sitzungen
9. Ort, Termin und wenn bereits bekannt Themen des vereinbarten Folgetreffens.

Diese Protokolle müssen danach allen Mitarbeitern zugänglich und jederzeit einsehbar sein.

5.14 Methode: Quality Function Deployment (QFD) Das "House of Quality"

Der Name dieser Methode lässt sich nicht wörtlich vom Amerikanischen ins Deutsche übersetzen. Er entstammt dem Japanischen und wird dort mit den sechs folgenden Kanji-Zeichen dargestellt:

- *Hin Shitsu* (Qualität, Güte, Beschaffenheit, Merkmal, Attribut)
- *Ki Nō* (Funktion, Mechanisierung)
- *Ten Kai* (Darstellung, Aufstellung, Entwicklung, Diffusion, Evolution)

Als mögliche Übersetzung wäre „Merkmal-Funktions-Darstellung" treffend. Im Folgenden wird jedoch der englische Begriff verwendet, da QFD mittlerweile ein eigenständiger Begriff ist.

QFD heißt sinngemäß soviel wie die Qualitätsfunktionen für einen Kampf „in die richtige Stellung" bringen. Eine umfassende Definition zeigt folgender Satz auf:

> ***Definition***
> ***QFD hat zum Ziel, frühzeitig die Qualitätsfunktionen und Eigenschaften für eine Produkt- oder eine Dienstleistungsentwicklung zu definieren und deren Umsetzung innerhalb eines Prozesses zu überwachen.***

Für diese Qualitätsmethode wurde 1996 in Köln eigens ein QFD-Institut gegründet, das als erste Kontaktadresse für Interessierte dienen kann.

Dieses Werkzeug gilt weltweit als DIE Methode, welche man (zumindest) kennen sollte. Die Anwendung ist nicht etwa auf Produktionsunternehmen beschränkt. Im DGQ-Band 13 - 21 ist beispielhaft die Entwicklung einer beziehungsorientierten Dienstleistung einer Kindertagesstätte beschrieben. Die Methode QFD als Grundkonzept zur Qualitätsplanung geht auf den Japaner Yoji Akao zurück, der dieses Konzept erstmalig 1966 anregte.

QFD ist ein System aufeinander abgestimmter Analyse-, Planungs- und Kommunikationsprozeduren, um

- komplexe Zusammenhänge für Produkte, Dienstleistungen und Prozesse in detaillierter Form zu erfassen und zu dokumentieren.
- Beziehungen, Abhängigkeiten und Einflüsse zwischen Anforderungen und Leistungen zu bewerten und zu gewichten, um Schwerpunkte und Trends zu ermitteln.
- nachvollziehbare Entscheidungen transparent darzustellen
- Zielkonflikte aufzuzeigen.

Allgemeines

Das Instrument QFD gehört zu einer Familie von Instrumenten und Methoden, die in enger Beziehung zum Total Quality Management (TQM, siehe Kapitel 6.3) stehen. In der dazugehörenden Strategie dieser „Qualitätsbewussten Unternehmensführung" ist die Qualität einer der wichtigsten Faktoren für den Wettbewerb und gilt als zentrales Ziel der Organisation schlechthin. QFD wird vielen Anforderungen gleichzeitig gerecht und entwickelt so den Charakter eines Methodeneinsatzplanes. Der frühe Vergleich mit den Dienstleistungen anderer Einrichtungen kann helfen, schon von vornherein das Auftreten minderwertiger Leistungen oder teurer und zeitaufwändiger Anpassungen zu verhindern.

Folgende fünf Punkte sind besondere Stärken des QFD:

- Die Frage: „Was" wird „wie" kommentiert und dokumentiert.
- Die Optimumfindung hinsichtlich Zeiteinsparungen und Entscheidungsgrundlagen
- Aufbereitung und klare übersichtliche Darstellung von Daten in Feldern
- Das Aufzeigen von Abhängigkeiten und Einflüssen durch Korrelationen (Wechselwirkung bzw. wechselseitige Beziehungen).
- Die Darstellung von Zielkonflikten.

Anwendung

Quality Function Deployment (QFD) ist eine Methode der Qualitätsentwicklung, welche Kundenforderungen (Stimme des Kunden) in jeder Ebene bis hin zur Ablieferung der Dienstleistung in die „Sprache der Organisation" übersetzt. In Arbeitsfeldern der Frühen Bildung ist es wie in allen anderen Lebens- und Arbeits- bzw. Managementbereichen: Kunden sprechen die ´normale` Umgangssprache und das pädagogische Fachteam sollte diese Wünsche in die Sprache der Organisation umsetzen. Als Planungsinstrument werden verschiedenartige Matrizen eingesetzt, die von Mitarbeitern unterschiedlicher Bereiche erarbeitet werden müssen. Eine Matrize oder die mathematische Matrix ist eine rechteckige Anordnung von Elementen z. B. Zahlen oder Begriffen, die in Bezug zueinander gebracht werden.

Ziel

Ziel ist die Orientierung an konkreten Zielen, die der Kunde sehr prägnant in seiner Sprache äußerte, und die Dominanz der Kundenorientierung, wobei hier ein erweiterter Kundenbegriff zum Tragen kommt. Kunde ist, wer in irgendeiner Weise von den Dienstleistungen abhängig bzw. betroffen ist, also nicht nur der externe Kunde sondern auch Mitarbeiter oder Kooperationspartner. Die Beachtung der internen Kunden ist sehr wichtig, denn eine Dienstleistung wird in den seltensten Fällen von einem Mitarbeiter alleine erbracht. Ein Mitarbeiter, der von der Leistung eines anderen Mitarbeiters abhängt, ist immer ein interner Kunde, da seine Leistung von der Leistung eines oder mehrerer Mitarbeiter abhängig ist. Er muss zuvorkommend behandelt werden, als wäre er ein externer Kunde!

Weitere wichtige Ziele, stichpunktartig genannt, sind:

- kritische Merkmale erkennen
- Konzentration des Expertenwissens zu einer gestellten Aufgabe
- Qualitätsmerkmale im Team abstimmen

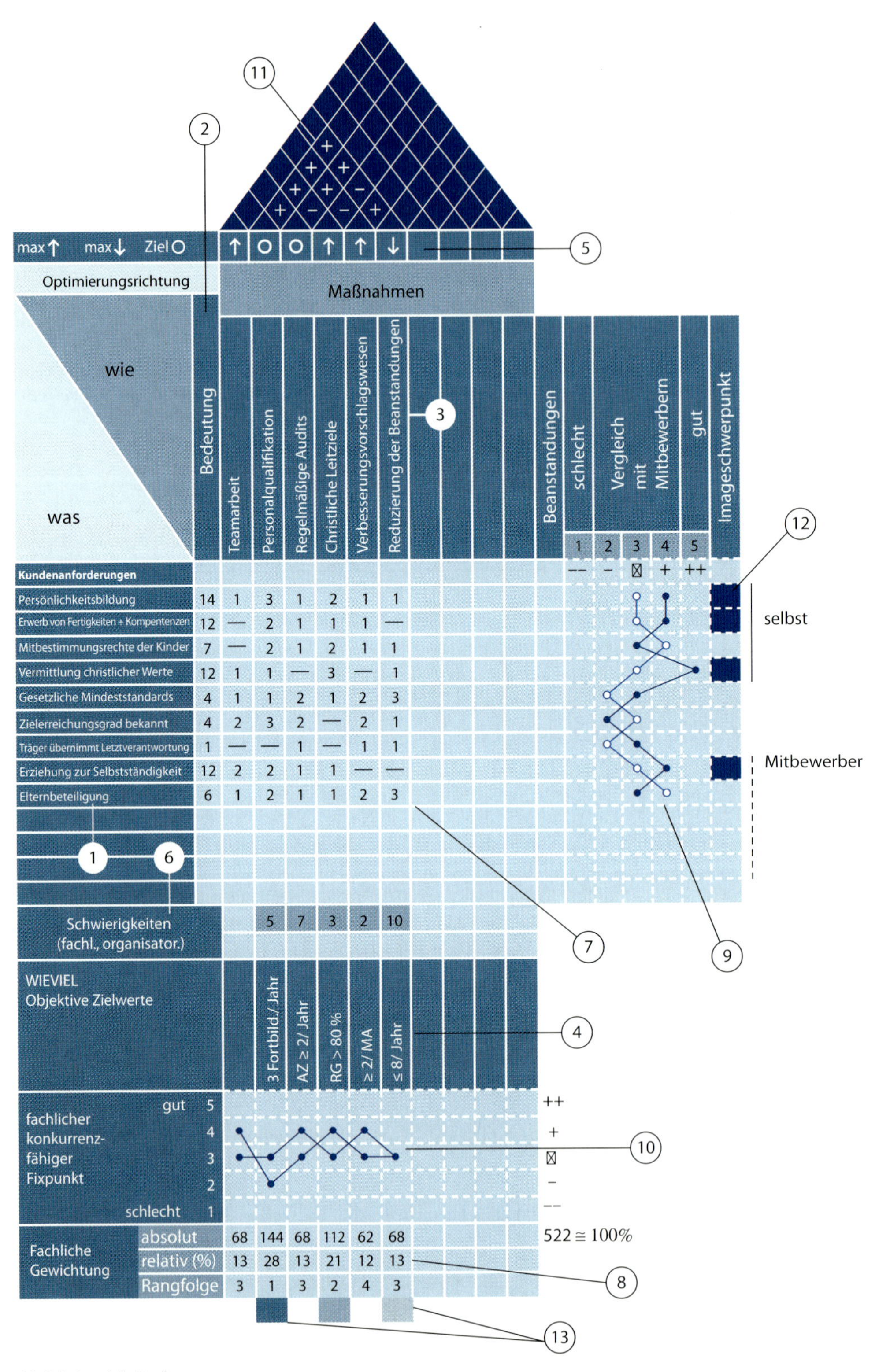

13-Schritte-Arbeitsplan

- Beziehungen und Wechselwirkungen aufzeigen
- Gemeinsame Entscheidungen herbeiführen
- Kundenanforderungen als „roten Faden“ bei der Entwicklung und Realisierung von Produkten und Dienstleistungen nutzen
- Kritische Pfade verfolgen
- Informationslücken aufdecken
- Kunden- und Wettbewerbsorientierung
- Komplexe Zusammenhänge in Prozessen und Dienstleistungen erfassen und darstellen
- Beziehungen, Abhängigkeiten und Einflüsse zwischen Anforderungen und eingebrachten Leistungen bewerten und gewichten
- Konflikte in der Planungsphase diskutieren, damit sie nicht die Realisierungsphase stören.

Die Vorgehensweise des House of Quality wird nun im 13-Schritte-Arbeitsplan dargestellt, die Einzelschritte 1 – 13 werden im Folgenden erklärt.

Schritt: 1

Auflistung der Kundenanforderungen: „Welche Wünsche haben die Kunden(gruppen) – also die externen und internen Kunden?“ Bei dieser Fragestellung ist der Zusammenhang, der sich aus dem KANO–Modell ergibt, zu berücksichtigen.

Das KANO-Modell: Informationen vom Kunden müssen in der Einrichtung detailliert und strukturiert werden. Problematisch sind QFD-Projekte immer dann, wenn das Kano-Modell nicht berücksichtigt wird.

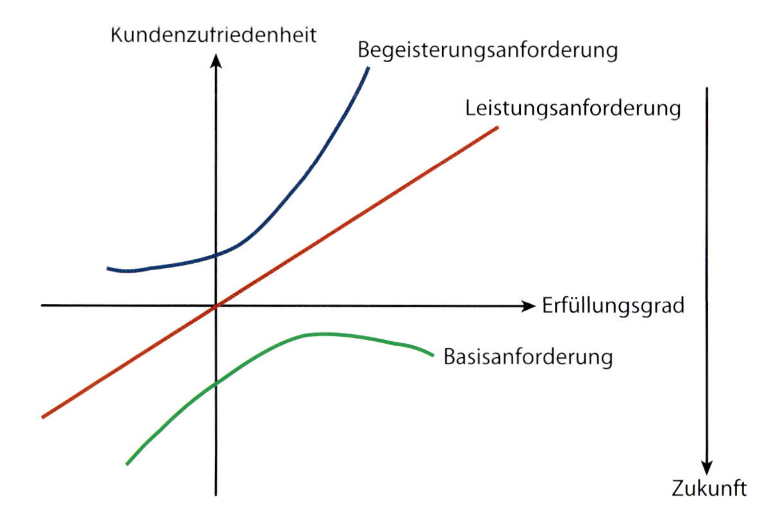

Merksatz
Was heute eine Begeisterungsanforderung ist wird in naher Zukunft zur Basisanforderung. Beispiel: Die Durchführung verschiedener Trainingsprogramme zur Unterstützung der Sozialentwicklung von Kindern und Jugendlichen wird zuerst Begeisterung auslösen, in der Zukunft dann aber als selbstverständlicher Bestandteil der Einrichtung angesehen.

- Basisanforderungen erzeugen selbst bei hohem Erfüllungsgrad keine besondere Kundenzufriedenheit. Basisanforderungen führen bei Nichterfüllung unweigerlich zu Imageschäden. Zum Beispiel begeistern angemessene Sicherheitsvorkehrungen im Außenspielgelände die Eltern nicht, sondern werden vorausgesetzt.

- Leistungsanforderungen beeinflussen die Kundenzufriedenheit nach dem Erfüllungsgrad. Sie sind üblicherweise leicht erfassbar oder messbar. Der Kunde benennt Leistungsanforderungen und führt hier Wettbewerbsvergleiche durch. Die Kundenzufriedenheit richtet sich nach dem Erfüllungsgrad. Ein Beispiel dafür ist der zeitliche Umfang der individuellen Sprachförderung in Kleingruppen.

- Begeisterungsanforderungen maximieren die Kundenzufriedenheit. Das sind jene Leistungen, die über das übliche Maß bzw. Angebot hinausgehen und zu einem besonderen Positivimage führen. Sie führen zur Maximierung der Kundenzufriedenheit. Beispiel: individuelle sportliche oder musikalische Förderung, bei der jedes Kind unterschiedlichste Sportarten oder Musikinstrumente in Ruhe über mehrere Wochen ausprobieren und sich dann entscheiden kann.
  Begeisterungsanforderungen sind schwer erfassbar und werden meist nicht ausgesprochen.

Informationen zu (externen sowie internen) Kundenanforderungen kann man nicht nur der Fachliteratur entnehmen sondern auch Kundenbefragungen und dem Benchmarking (siehe dazu Kapitel 4.1). Dabei genügt es meist nicht den Kunden zu fragen, welche Forderung er erfüllt haben möchte. Dies zu sagen ist er oft nicht in der Lage. Vielmehr muss der Kunde hinsichtlich seiner Probleme befragt werden. Aussagen hierzu sind dann von den Fachkräften in Kundenanforderungen zu übersetzen.

Woher kommen die Daten der Mitkonkurrenten? Zugegebenermaßen ist dies ein problematisches Unterfangen, denn der Impuls, tatsächlich Kontakt mit anderen Einrichtungen aufzunehmen, ist meist die erste und schwierigste Hürde. Einrichtungen, die tatsächlich herausragende Arbeit leisten, sind im Regelfall jedoch gerne bereit anderen Einblick zu gewähren.

Schritt 2:

Die Kundenanforderungen werden nach ihrer Bedeutung gewichtet und eventuell mittels eines Matrixverfahrens wie folgend dargestellt:

Kriterium = 0 Gleichwertigkeit = 1 Kriterium = 2	Persönlichkeitsbildung	Erwerb von Fertigkeiten und Kompetenzen	Mitbestimmungsrechte der Kinder	Vermittlung christlicher Werte	Gesetzliche Mindeststandards	Zielerreichungsgrad bekannt	Träger übernimmt Letztverantwortung	Erziehung zur Selbstständigkeit	Elternbeteiligung	Gewicht
Persönlichkeitsbildung	-	2	2	1	2	2	2	1	2	14
Erwerb von Fertigkeiten und Kompetenzen	0	-	2	1	2	2	2	1	2	12
Mitbestimmungsrechte der Kinder	0	0	-	1	1	1	2	1	1	7
Vermittlung christlicher Werte	1	1	1	-	2	2	2	1	2	12
Gesetzliche Mindeststandards	0	0	1	0	-	1	1	0	1	4
Zielerreichungsgrad bekannt	0	0	1	0	1	-	2	0	0	4
Träger übernimmt Letztverantwortung	0	0	0	0	1	0	-	0	0	1
Erziehung zur Selbstständigkeit	1	1	1	1	2	2	2	-	2	12
Elternbeteiligung	0	0	1	0	1	2	2	0		6

Merksatz

Das Matrixverfahren sollte mittelfristig jede pädagogische Fachkraft lernen. Es basiert auf dem Vergleich aller Kriterien miteinander, die dann gewichtet werden. So erhält man eine Reihenfolge, welche nach Wichtigkeit abgestuft ist.

Spontanbeispiel:

Die Schlüsselfrage dabei lautet stets: „Was ist wichtiger?"

Kriterium = 0 **Gleichwertigkeit = 1** Kriterium = 2	Sport	Weiterbildung	Freundschaft	Disco		
Sport	-	1	0	0		1
Weiterbildung	1	-	1	0		2
Freundschaft	2	1	-	1		4
Disco	2	2	1	-		5

Schritt 3:

Auflistung der geeigneten Maßnahmen: „Wie", also durch welche Maßnahmen, können die Kundenforderungen erfüllt werden. Diese „Was/wie"-Kommunikation und -Dokumentation führt zu einem hohen Grad der Zielorientierung.

Schritt 4:

Zu den Maßnahmen werden möglichst messbare Qualitätsmerkmale erarbeitet. Hierzu passt das Motto „Ziele, die nicht gemessen werden können, sind eigentlich wertlos" sehr treffend. Für alle Maßnahmen sollen objektiv messbare und damit eindeutig überprüfbare Zielwerte angegeben werden

Schritt 5:

In diesem Schritt wird die Optimierungsrichtung der einzelnen Qualitätsmerkmale festgelegt. So wird zum Beispiel der Realisierungsgrad maximiert, die Summe der Kundenbeanstandungen möglichst minimiert. Werden drei Fortbildungen pro Jahr und Mitarbeiter eingeplant, so wird möglichst auf diesen Zielwert hingearbeitet. Wenn zwei Audits pro Jahr geplant sind, sollten ohne triftigen Grund nicht mehr Audits durchgeführt werden (Kosten, Zeit). Dies ist eine für den späteren Zielabgleich wichtige Angabe.

Schritt 6:

Der Schwierigkeitsgrad bzw. die Realisierbarkeit der Maßnahmen werden nach ihrem Optimierungszielwert mit Abstufungen von 10 = sehr schwierig bis 1 = einfach bewertet. Hier stellt sich die Frage, ob bei sonst gleicher Wertigkeit eine schwieriger zu realisierende Maßnahme unter Umständen erstmal zurückgestellt werden kann.

Schritt 7:

Nun erfolgt die Feststellung der unterschiedlichen und mehrfachen Korrelationen. Zu diesem Zweck wird jede Maßnahme mit jeder Kundenforderung in Zusammenhang gebracht (korreliert).

Folgende Beziehungen sind dabei möglich:
- Keine Korrelation = -
- Schwache Korrelation = 1
- Mittlere Korrelation = 2
- Starke Korrelation = 3

Diese Bewertung zeigt bereits, welche Maßnahmen die Kundenforderungen/-wünsche in besonderer Weise abdecken und welche Maßnahmen im Extremfall überflüssig sind. Eine Vielzahl schwacher Korrelationen kann bedeuten, dass Kundenforderungen nicht ausreichend berücksichtigt sind. Zudem sind Konflikte erkennbar, die eine Überarbeitung bzw. Ergänzung der Maßnahmen und/oder der Qualitätsmerkmale notwendig machen. Sehr deutlich zeigt sich, dass zur Lösung eines Problems schon allein das Ausfüllen dieser einen Matrix ausreichend sein kann.

Schritt 8:

Die Fachliche Gewichtung (absolut) errechnet sich aus der Spaltensumme der Produkte aus der Bedeutung der Kundenanforderungen (2) x Korrelationszahl (7). Sofern keine Korrelation vorhanden ist (-) entfällt die Rechnung.

> ***Beispiel:*** *Für die „Teamarbeit"*
>
> *Die Produkte aus der Bedeutung der Kundenanforderung (2) × Korrelationszahl (7) gebildet und anschließend addiert:*
>
> $14 \times 1 + 12 \times 1 + 4 \times 1 + 4 \times 2 + 12 \times 2 + 6 \times 1 = 68$
>
> *Für die „Personalqualifikation"*
>
> *Wieder werden die Produkte aus der Bedeutung der Kundenanforderung (2) x Korrelationszahl (7) gebildet und anschließend addiert:*
>
> $14 \times 3 + 12 \times 2 + 7 \times 2 + 12 \times 1 + 4 \times 1 + 4 \times 3 + 12 \times 2 + 6 x 2 = 144$

Um den absoluten Wert zu erhalten, werden alle absoluten Einzelwerte addiert; der relative (%) Wert errechnet sich mit Hilfe eines einfachen Dreisatzes.

Die Höhe des ermittelten Wertes (absolut und in %) zeigt, welchen Einfluss die Maßnahme zur Erfüllung der Kundenwünsche hat. Dieser Schritt beinhaltet einige Rechenaufgaben, welche unbedingt durchgeführt werden sollten, da hernach sichtbar wird welche Gewichtung der gewählte Lösungsansatz, also die Maßnahme erhält.

Schritt 9:

Der Vergleich mit Mitbewerbern verdeutlicht, wie der Kunde die eigene Dienstleistung und die der Mitbewerber in Bezug auf die einzelnen Kundenanforderungen bewertet. Diese Bewertung ist ebenfalls ein Ansatzpunkt für die Verbesserungen der eigenen Dienstleistung. Die Informationen für die Bewertung der Mitbewerber können aus Benchmarking, Medieninformationen, Begutachtungen etc. stammen. Wenn das Qualitätsmanagement zertifiziert werden soll, so verdeutlicht diese Bewertung den so genannten „Externen Auditorenblick". Externe Auditoren vergleichen die verschiedenen Einrichtungen und geben daraufhin die einrichtungsspezifischen Bewertungen sowie die sich daraus ergebenden Verbesserungsvorschläge an.

Schritt 10:

Der fachliche Wettbewerbsvergleich erfolgt anhand der eingeleiteten Maßnahmen und der objektiven Zielwerte hierzu. Die Bewertungen aus Schritt 9 und 10 könnten für das vorliegende Beispiel wie folgt modifiziert werden:

- „schlechter als" = 1
- „etwas schlechter als" = 2
- „vergleichbar mit" = 3
- „etwas besser als" = 4
- „viel besser als" = 5

Schritt 9 bewertet, wer die Kundenforderungen aus „Kundensicht" besser erfüllt. Schritt 10 bewertet die Maßnahmen bzw. Aktionen, die natürlich von Anbieter zu Anbieter unterschiedlich sein können.

Schritt 11:

Über eine weitere Matrix wird die Beurteilung der Zielkonflikte vorgenommen. Jede Maßnahme (aus Schritt 3) wird hinsichtlich ihrer Wechselwirkung, der zugehörigen Optimierungsrichtung und seiner objektiven Zielwerte diskutiert und bewertet. Durch weitere Optimierung des Entwurfes wird eine Minimierung bzw. Maximierung in die gewünschte Optimierungsrichtung vorgenommen. Zielkonflikte können bei positiver Wechselwirkung (+) beseitigt werden, ohne dass sich andere Werte verschlechtern.

Zugunsten der Einfachheit beschränkte man sich hier auf positive Wechselwirkungen (+) und negative Wechselwirkungen (-).

Häufig wird auch gewählt zwischen:

- -2 = signifikant negative Korrelation
- -1 = negative Korrelation
- 0 = keine Korrelation
- +1 = positive Korrelation
- +2 = signifikant positive Korrelation

Schritt 12:

Die Imageschwerpunkte der Einrichtung richten sich nach dem Besonderheitsgrad auch Alleinstellungsmerkmal genannt. Vom Alleinstellungsmerkmal spricht man bei Leistungen, die andere nicht oder noch nicht können. Dies ist ein besonderer Wettbewerbsvorteil. Ferner ist der Erfüllungsgrad von Kundenforderungen ein zentrales Kriterium. Hinzu kommen Stärken im Vergleich zu den Mitbewerbern sowie eine ehrliche Kosten-/Nutzenbetrachtung. Diese Alleinstellungsmerkmale sollten gezielt für Werbeaktivitäten der Einrichtung genutzt werden.

Schritt 13:

Merkmale, die bei der nachfolgenden Qualitätsverbesserung überwiegend weiterverfolgt werden müssen, sollen nach folgenden Kriterien ausgewählt werden:
- Kundenwichtigkeit
- Imageschwerpunkte
- Wettbewerbsvergleich
- Qualitätsziele
- Schwierigkeiten der Erreichung

Nicht zuletzt ist es das eigentliche Anliegen der QFD-Arbeit methodisch und systematisch herauszufinden, hinsichtlich welcher Aspekte und Bereiche die eigene Dienstleistung verbessert werden sollte.

Zusammenfassung

Stichwortartig ein abschließender Überblick. QFD stellt sicher,

- dass wichtige Kundenforderungen berücksichtig werden.
- dass gewählte Aktivitäten die Kundenforderungen tatsächlich abdecken.
- dass für die einzelnen Qualitätsmerkmale jeweils das Optimum erreicht wird.
- dass Wechselwirkungen erkannt und entsprechend behandelt werden.
- dass frühzeitig ein Wettbewerbsvergleich mit der Konkurrenz erfolgt.
- dass Zielkonflikte erkannt und beseitigt werden. Dies ermöglicht infolge einen besseren Ressourceneinsatz und mehr Zeit für die pädagogische Arbeit sowie Kostenreduktionen.
- dass eine Integration sämtlicher Bereiche eine Verbesserung der Arbeit ermöglicht.
- dass eine Kosten-/Nutzenbetrachtung erfolgt.
- dass bei Beherrschung der Methode Platz sparend und für alle Beteiligten gut nachvollziehbar gearbeitet werden kann.
- dass kein overingineering entsteht.

Von „overingineering“ spricht man bei übertriebenen Lösungen. Dem Mythos nach wäre dies bei einem Schweizer Taschenmesser zu finden. Das Angebot kann ständig mehr, als der Kunde überhaupt benötigt. Dies kostet Zeit und Geld und bringt dem Kunden keinen Nutzen.

QFD kann von fast jeder Einrichtung und jedem Träger genutzt werden, da es ausgesprochen träger- und einrichtungsunspezifisch ist. Eine ausgefüllte Matrix hingegen ist nicht auf andere Einrichtungen übertragbar. Anwendungen erfolgten in zahlreichen Branchen und Arbeitsfeldern, insbesondere auch im Dienstleistungsbereich. In der Bundesrepublik ist QFD im Dienstleistungsbereich weniger verbreitet. Das mag mit der Entstehungsgeschichte und dem technischen Anwendungsschwerpunkt in der Pionierphase des Konzeptes zusammenhängen.

Erste QFD-Anwendungen gab es 1974 bei Toyota (Japan) und seit 1984 in Amerika. In Deutschland schreibt Karl-Heinz Bößenecker 2003 einen Artikel dazu in dem Buch „Qualitätskonzepte in der sozialen Arbeit“.

Erste Anwendungen des QFD in der eigenen Einrichtung sollten überschaubare Fragestellungen nutzen, da die Komplexität des Verfahrens bei vielen Qualitätsmerkmalen schnell wächst. Auch muss die Methode nicht komplett wie beschrieben eingesetzt werden. Es ist sinnvoll und nutzbringend einzelne Matrizen auf Teilbereiche der pädagogischen Arbeit anzuwenden. Dies entspräche auch der grundlegenden Intention Yoji Akaos, der bezüglich seiner Methodik folgendes Zitat prägte: „Copy the spirit, not the form“.

Um diese Arbeit möglichst effektiv zu gestalten, sollte das QFD-Team einige Kriterien erfüllen:

- eine heterogene Zusammensetzung, allerdings ohne große Hierarchieunterschiede
- im Team sollten maximal acht Personen mitwirken
- eine zahlenmäßig ausgeglichene Team-Zusammensetzung, also kein Übergewicht einzelner Fachbereiche
- alle Teammitglieder sollten die Methode grundsätzlich kennen
- auf Einzelkämpfer und Streithähne kann jedes gute Team verzichten, da die Arbeit mit dem „House of Quality“ Workshopcharakter besitzt
- ein Moderator mit fundierten Methodenkenntnissen soll gewählt werden
- über alle wichtigen Fragen wird nicht demokratisch abgestimmt, sondern eine Einigung auf Basis von Fakten getroffen.

Fördere effektive, gegenseitige Kommunikation in vertikaler und horizontaler Richtung, um eine Atmosphäre der Angst erst gar nicht entstehen zu lassen!

Deming (Regel 8)

5.15 Methode: Kaizen

Der japanische Begriff Kaizen bedeutet Veränderung zum Besseren und drückt das Streben nach kontinuierlicher Verbesserung aus. Kaizen ist als Geisteshaltung zu begreifen, die gleichzeitig Ziel und grundlegende Verhaltensweise darstellt. Der Amerikaner Deming beschreibt diese Denkweise anschaulich durch den Plan-Do-Check-Act-Zyklus (PDCA-Zyklus).

Exkurs: Demings Management-Programm

Edward Deming ist einer der bekanntesten Lehrer für Qualität. Als solcher veröffentlichte er über 200 Arbeiten. Der Träger mehrerer Ehrendoktortitel wurde 1987 für seine Leistungen vom damaligen US-Präsidenten Ronald Reagan sogar persönlich ausgezeichnet. Eines seiner bekanntesten Programme ist das Prinzip der Ständigen Verbesserung, in Japan als Kaizen bezeichnet, oben wurde es bereits als KVP (Kontinuierlicher Verbesserungsprozess) angesprochen.

Drei wesentliche Punkte sind notwendige und wichtige Voraussetzung zur Realisierung des Programmes.

- Jede Aktivität kann als Prozess aufgefasst werden und jeder Prozess kann verbessert werden.
- Problemlösungen allein sind nicht ausreichend – erforderlich sind fundamentale Veränderungen als grundlegende, bewusste Handlungsweise.
- Für Qualität ist das Management verantwortlich und schlechte Qualität ist ein Zeichen von schlechtem Management.

PLAN: Prägnante Ziele sollen definiert und entsprechende Maßnahmen geplant werden.

DO: Die festgelegten Maßnahmen werden in die Tat umgesetzt.

CHECK: Alle erreichten Ergebnisse werden kritisch überprüft.

ACT: Verbesserungsmaßnahmen werden festgelegt und eingeleitet, sodass der Kreislauf wieder bei PLAN beginnen kann.

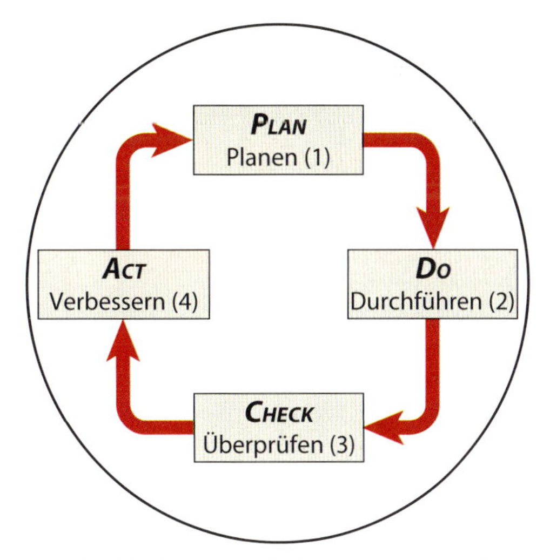

Ein Schaubild des Deming-Zyklus der Ständigen Verbesserung – auch PDCA-Zyklus genannt.

Kaizen bzw. die ständige Verbesserung ist Teil einer das gesamte Unternehmen umfassenden Anstrengung zur Verbesserung, wobei jeder einzelne Mitarbeiter und alle Unternehmensbereiche und Hierarchieebenen miteinbezogen werden.

In vielen japanischen und amerikanischen Unternehmen ist die Verpflichtung zu Kaizen sogar Bestandteil von Arbeitsverträgen.

Der Charakter von Kaizen als kontinuierlicher Prozess der Verbesserung in kleinen Schritten, der nie abgeschlossen ist, wird besonders deutlich im Vergleich zur Innovation. Darunter wird eine wesentliche Veränderung in Richtung einer umfassenden Erneuerung in einem bestimmten Bereich verstanden. Innovation erfolgt meist revolutionär, umwälzend und ist im Gegensatz zu Kaizen ein einmaliges und danach abgeschlossenes Ereignis/Projekt.

Kaizen-Schlüsselkonzepte

Cross-Functional Management

Funktionsübergreifendes Management beinhaltet das Koordinieren der Aktivitäten verschiedener organisatorischer Einheiten, um die übergreifenden Ziele des Kaizens zu erreichen. Von besonderer Bedeutung ist die interdisziplinäre Zusammenarbeit der einzelnen Fachteams, sowie die offene und ehrliche Kommunikation. Alle Ziele der jeweiligen Teams werden den Gesamtzielen der Einrichtung untergeordnet, um eine einseitige Optimierung zu vermeiden. Auf diese Weise werden die gesamten Einrichtungsprozesse aller Teams konsequent und durchgängig an den Gesamteinrichtungszielen ausgerichtet.

Policy Deployment

Das Kaizen muss nun in konkrete Handlungsanweisungen und -aktionen übersetzt werden, damit es in die Einrichtungspolitik aufgenommen werden kann. Dazu werden die langfristigen strategischen Zielsetzungen der Einrichtung in durchführbare und messbare Ziele für einzelne Bereiche und Aufgaben bis zum einzelnen Mitarbeiter herunter gebrochen. Diese Übertragung von Einrichtungspolitik und Einrichtungszielen erfolgt im Top-Down-Verfahren. So wird sichergestellt, dass sich jeder Bereich und jeder Mitarbeiter über seine Aufgaben und seinen Beitrag zur Zielerreichung bewusst ist. Dadurch wird die Einrichtungspolitik und die Zielsetzung schnell von allen Mitarbeitern in allen Bereichen und Hierarchiestufen akzeptiert.

5.16 Methode: 5 S – Seiri, Seiton, Seiso, Seiketsu, Shitsuke

Die „fünf S" sind Teil eines die gesamte Einrichtung umfassenden Programms zur Verbesserung (Kaizen-Strategie), welches jeden einzelnen Arbeitsplatz mit einbezieht. Dabei steht die Verbesserung oder Neuplanung von Arbeitsplätzen oder -bereichen im Vordergrund.

Der Fokus liegt dabei auf Ordnung, Sauberkeit und Standardisierung. Die „fünf S" stehen in Verbindung mit Kaizen, wobei hier in erster Linie der Arbeitsplatz als der Ort verstanden wird, an dem die wertschöpfenden Prozesse in der Einrichtung stattfinden.

Seiri (Ordnung schaffen)

Wichtig ist, das Notwendige vom Nicht-Notwendigen zu unterscheiden und alles nicht Notwendige vom Arbeitsplatz zu entfernen. Dies bezieht sich speziell auf zu hohe Pufflager, unnötige oder fehlerhafte Arbeitsmaterialien, mangelhafte Teile sowie überholte und überflüssige Unterlagen.

Seiton (Ordnungsliebe)

Um die geschaffene Ordnung aufrecht zu erhalten, müssen die für notwendig erachteten Arbeitsmaterialien in einwandfreien Zustand gebracht werden. Jeder Gegenstand soll griffbereit an seinem richtigen Platz aufbewahrt werden.

Seiso (Sauberkeit)

Der geordnete Arbeitsplatz/Gruppenraum einschließlich Arbeitsmittel, Materialien und Spielgeräten wird sauber gehalten.

Seiketsu (persönlicher Ordnungssinn)

Damit die persönliche Sauberkeit und Ordnung zur Gewohnheit werden, beginnt jeder Mitarbeiter damit bei sich selbst und an seinem eigenen Arbeitsplatz.

Shitsuke (Disziplin)

Es muss sichergestellt werden, dass Regelungen, Standards und Anweisungen im Arbeitsprozesses unbedingt eingehalten werden.

5.17 Methode: Qualitätszirkel

Qualitätszirkel (Quality Circle) sind kleine Gruppen von Mitarbeitern, die regelmäßig zusammentreffen, um in ihrem Arbeitsbereich auftretende Probleme selbstständig zu bearbeiten und nach Verbesserungsmöglichkeiten zu suchen. Die Sitzungen werden von einem aus dem Team gewählten Moderator geleitet. Je nach thematischen Schwerpunkten kann ein Zirkeltreffen zwischen einer und mehreren Stunden dauern.

Erzieherinnen bei der Qualitätszirkelarbeit

Die Ziele der Qualitätszirkelarbeit

Ergebnisorientierung
Dies bedeutet eine ständige Verbesserung der Dienstleistungsqualität, bzw. der Produktqualität, eine aktiv vorausschauende Fehlervermeidung sowie die Steigerung der Zufriedenheit von externen und internen Kunden.

Prozessorientierung
Dient der Kostensenkung, der Verbesserung von Koordination und Kommunikation und ermöglicht zudem ein schnelles Erkennen und Beseitigen von innerbetrieblichen Störungen.

Mitarbeiterorientierung
Die Arbeitsmotivation soll gesteigert werden, Kreativität und geistiges Potenzial sollen genutzt werden. Damit einhergehend wachsen Arbeitszufriedenheit und die Verbesserung sozialer Beziehungen.

Eine zentrale Voraussetzung für den Erfolg der Qualitätszirkelarbeit ist die Integration in die vorhandene Einrichtungsstruktur sowie die Unterstützung durch aktive Teilnahme der gesamten Leitung. Zunächst werden bei der Einführung eines Qualitätszirkel-Programmes meist nur Verbesserungen im Bereich der mitarbeiterorientierten Ziele erreicht. Diese sind jedoch von höchster Wichtigkeit und bilden die Grundlage für eine weitere erfolgreiche Arbeit des Qualitätszirkels.

Organisatorische Elemente der Qualitätszirkel-Arbeit

Zirkelgruppe
Die Qualitätszirkel-Gruppe wählt arbeitsbezogene Schwachstellen oder Probleme aus und ermittelt systematisch Lösungsmöglichkeiten. Die Umsetzung von Verbesserungsmaßnahmen erfolgt nach Genehmigung durch die Koordinationsstelle eigenverantwortlich in der Gruppe, sofern sie nicht externe Unterstützung benötigt. Auch der erzielte Erfolg bei der Umsetzung wird durch die Gruppe selbst kontrolliert.

Qualitätszirkelleiter
Der Qualitätszirkelleiter ist ein speziell für diese Aufgabe qualifiziertes Mitglied der Qualitätszirkel-Gruppe. Er hat die Aufgabe, als Moderator den Diskussionsablauf innerhalb der Gruppe zu steuern und die Gruppenmitglieder im Umgang mit den relevanten Methoden zur Qualitätsverbesserung auszubilden bzw. zu unterstützen.

Steuerungsgruppe
Die Steuerungsgruppe ist für die Initiierung, Planung, Organisation sowie für die Betreuung und Steuerung der Qualitätszirkel-Aktivitäten zuständig. Sie genehmigt Verbesserungsvorschläge, stellt die Kommunikation zwischen den Zirkelgruppen untereinander sowie mit den Fachteams sicher und wertet die Ergebnisse aus. Die Auszeichnung positiver Qualitätszirkelergebnisse erfolgt entweder durch immaterielle Anerkennung oder durch Teilnahme am Vorschlagswesen über einen Gruppenantrag.

Merksatz
***Betriebliches Vorschlagswesen** – teilweise auch Verbesserungsvorschlagswesen genannt – ist eine institutionalisierte Möglichkeit für jeden Mitarbeiter hinsichtlich jedes Einrichtungsbereiches, also nicht nur für seinen eigenen Arbeitsplatz, Verbesserungsvorschläge einzureichen. Jene müssen überprüft und bewertet werden. Im industriellen Bereich werden für erfolgsversprechende Verbesserungsvorschläge Prämien ausgesetzt, welche aufgrund der z. B. finanziellen Kosteneinsparung errechnet werden.*

5.18 Methode: Dienstleistungs-FMEA

Schlechte Erfahrungen, welche Kunden in einer Kindertageseinrichtung machen, können sehr schnell, etwa durch Mund zu Mundpropaganda zu einem Negativimage führen. Dies bereits im Vorfeld, also während der Planung und Entwicklung einer Dienstleistung zu verhindern ist die angestrebte Wirkungsweise einer Dienstleistungs-FMEA (Fehlermöglichkeits- und -einflussanalyse). Für Mängel und Fehlleistungen, die bereits eingetreten sind und deren Auswirkungen bekannt sind ist die Erstellung einer FMEA nicht vorgesehen. In diesen Fällen werden die bereits oben beschriebenen Methoden angewandt. Jedoch können sehr gut Mängel und Fehlleistungen, die etwa bei Mitbewerbern auftreten und bekannt werden, hinsichtlich ihrer Auftretenswahrscheinlichkeit sowie Bedeutung untersucht werden. Dadurch kann verhindert werden, die Fehler anderer Einrichtungen zu wiederholen.

Merksatz
Mögliche Ursachen für Fehlleistungen bereits im Vorfeld erkennen und vermeiden ist die wirkungsvollste und wirtschaftlichste Art eine hohe Dienstleistungsqualität zu sichern.
Mit einer FMEA werden mögliche Fehler bzw. Fehlleistungen identifiziert und beseitigt** **bevor** **sie eingetreten sind. Deswegen spricht man im FMEA-Jargon von potenziellen, also möglichen Fehlern, möglichen Fehlerfolgen und möglichen Fehlerursachen.

Im Folgenden wird der Ablauf einer FMEA-Erstellung anhand eines bestehenden FMEA-Formulars erläutert. Die Ausarbeitung wird üblicherweise nicht von einer einzelnen Person sondern von einem Team durchgeführt, dessen Kenntnisse nach Möglichkeit variieren und so die ganze Bandbreite der beteiligten Prozesse abdecken.

Ein wichtiger Grundsatz bei der FMEA-Erstellung ist die Beschränkung auf möglichst wenige, wichtige potenzielle Fehler. Von Vilfredo Pareto stammt die These, dass 20 % der gewichteten Fehler für 80 % des eingetretenen Schadens verantwortlich sind (Pareto-Prinzip, siehe Kapitel 5.11).

Dienstleistungs - FMEA

Fehlermöglichkeits- und -einflussanalyse

			1. Risikobewertung			Einrichtung: Kita	Name: B. Amerein	Datum: 26.11.2010	2. Risikobewertung		
Prozess	möglicher Fehler	Fehlerfolge	Auftreten A	Bedeutung B	Risiko RZ	Ursache	Maßnahme	Wirkung	Auftreten A	Bedeutung B	Risiko RZ
Dokumentation zu Entwicklungs-fortschritt	nicht vorhandene bzw. unvollständige Dokumentation zu erworbenen emotionalen und sozialen Kompetenzen	keine spezifische, dem Kind angepasste Förderung möglich	7	9	63	unterschiedlicher Informationsstand bei Erziehern	Dokumentationsmaßnahme in wöchentliche Kurzunterweisung und Abstimmung aufnehmen	gleicher Informationsstand und stets aktualisierte Dokumentation	2	9	18
Beobachtung der Sprachentwicklung	Entwicklungsfortschritte oder Förderbedarf können nicht erkannt werden	Sprachdefizite vergrößern sich	6	10	60	kein einheitliches Vorgehen der Erzieher	gemeinsame Teamfortbildung zum Thema Beobachten	einheitliches Vorgehen aller im Team	2	10	20
Gesprächsführung während gemeinsamer Aktivitäten	unterschiedliche Erzieher verlangen von den Kindern verschiedene Gesprächsregeln	Verwirrung der Kinder da uneinheitlicher Gesprächsstil	9	8	72	Erzieher gehen intuitiv nicht reflektiert vor	Gemeinsames erarbeiten einheitlicher Gesprächs- und Feedbackregeln	Kinder können Sicherheit in der Gesprächsführung erlangen	4	8	32

(A) Auftretenswahrscheinlichkeit		(B) Bedeutung des Fehlers	
1	mit einem Mangel muss nicht gerechnet werden	1	Mangel wäre kaum wahrmehmbar
2...3	Mangel tritt selten, sporadisch auf	2...3	der Mangel ist bemerkbar - keine nennenswerte Beeinträchtigung
4...6	gelegentliches Auftreten ist nicht zu vermeiden	4...6	der Mangel führt zu Unzufriedenheit
7...8	Mangel wird regelmäßig auftreten	7...8	es muss mit häufigen Beschwerden gerechnet werden
9...10	Mangel wird vermehrt und häufig auftreten	9...10	schwerwiegender Mangel führt zu Abkehr von Kita

Anzumerken ist, dass es sich bei nachfolgend beschriebener Dienstleistungs-FMEA um eine Zweifaktoren-FMEA handelt. Aus den beiden Faktoren „Auftretenswahrscheinlichkeit" und „Bedeutung" wird durch Multiplikation die Risikozahl „RZ" berechnet. Diese Risikozahl gibt die Reihenfolge und Wichtigkeit für die zu ergreifenden Maßnahmen an, um Mängel zu beseitigen. In technisch-wissenschaftlichen Unternehmen wird meist eine Dreifaktoren- FMEA benutzt. Diese FMEA beinhaltet zusätzlich den Faktor „Entdeckungswahrscheinlichkeit". Häufig werden dort auch schwerwiegende Fehler im Produktentstehungszeitraum mit großer Wahrscheinlichkeit entdeckt, ohne dass der Kunde dies bemerkt oder gar einen Schaden davon hätte. Ein Motor kann bei einer nicht montierten Zündkerze beispielsweise nicht störungsfrei laufen. Die Wahrscheinlichkeit, dass dieser Fehler vor Auslieferung entdeckt wird liegt nahezu bei 100 %.

Im Dienstleistungsbereich kann meist ohne Verlust an Wirksamkeit auf den dritten Faktor, die „Entdeckungswahrscheinlichkeit" verzichtet werden, da es sich um ein „immaterielles Produkt" handelt.

Ablauf der Erstellung einer Dienstleistungs-FMEA

Der Ablauf ist durch die Bearbeitung der jeweiligen Felder im Formblatt vorgegeben.

- **Kopfzeile**: Eintragung allgemeiner Daten wie Einrichtung, Ersteller und Datum, die für die Verwaltung der Formblätter benötigt werden.
- **Prozess**: Diese Spalte ist vorgesehen für eine stichwortartige Beschreibung des zu untersuchenden Prozesses oder Teilprozesses bzw. einer einzelnen Arbeitsfolge eines Teilprozesses.
- **Mögliche Fehler**: Alle gewichtigen Fehler (bitte keine exotischen Sonderfälle), die denkbar sind und die bei Nichtbeseitigen den Prozess bzw. dessen Ergebnis empfindlich stören, werden aufgeschrieben.
- **Fehlerfolge**: Die vorgenannte empfindliche Störung wird hier genauer beschrieben. Es ist die Frage zu beantworten: „Was passiert, wenn der potenzielle, gewichtige Fehler tatsächlich eintritt?".
- **Risikobewertung**: Die Bewertung sollte jeweils erst am Ende, also nach Benennung aller möglichen Fehler und deren Fehlerfolgen, gemacht werden. **Mögliche Fehler** werden gemäß den auf dem Formblatt definierten **Auftretenswahrscheinlichkeiten (A)** in der Spalte **Auftreten** bewertet. Die Bewertungsstufen der Auftretenswahrscheinlichkeit haben insgesamt 5 Abstufungen und können die ganzzahligen Werte von 1 bis 10 annehmen. Entsprechendes gilt für die **Bewertung** der **Bedeutung** der Fehlerfolge, anhand der **Bedeutung des Fehlers (B)**.

> ***Merksatz***
> ***Punktevergaben enden oft in endlosen Diskussionen. Konstruktive Diskussionen sind an dieser Stelle bis zu einem gewissen Grade notwendig und zielführend. Dauern sie länger als einige Minuten, so ist eine Abstimmung per Mehrheitsbeschluss zu empfehlen.***

- **Erste Risikobewertung**: Mit der Berechnung der Risikozahl (**RZ**) wird versucht eine Rangfolge der Risiken zu erstellen. Die RZ entsteht durch Multiplikation der A- und B-Bewertungszahlen (RZ = A * B) und kann dementsprechend Werte zwischen 1 und 100 annehmen. Es besteht der Anspruch, dass nach erfolgreicher Einübung die RZ der einzelnen FMEA-Teammitglieder nicht mehr als eine Bewertungsstufe variiert.
- **Ursachenfindung**: Um im nächsten Schritt geeignete Maßnahmen zur Fehlerbehebung einleiten zu können, ist es wichtig, die Ursachen für den angenommenen Fehler zu benennen. Eine systematische Vorgehensweise wie in Kapitel 5.10 (Ishikawa-Diagramm) vorgestellt leistet dabei gute Dienste.
- **Maßnahmen**: Zentrale Bedeutung bei der gesamten FMEA-Erstellung hat das Finden geeigneter und vor allem wirksamer Maßnahmen zur Vermeidung möglicher Fehler. Die berechnete Risikozahl bestimmt dabei die Reihenfolge der Bearbeitung. Grundsätzlich sollte man Maßnahmen die Prozessverbesserungen vorsehen stets den Vorzug geben gegenüber der Einführung von Überwachungsmaßnahmen.
- **Wirkung**: Verbesserungsmaßnahmen bewirken verständlicherweise größere oder geringere Veränderungen. Die potenzielle Wirkung reicht von einer geringfügigen Verbesserung bis hin zur vollständigen Behebung des Fehlers. In der Spalte „Wirkung" wird eine Kurzbeschreibung zur Auswirkung der vorgesehenen Maßnahme gegeben.
- **Zweite Risikobewertung**: Zum Abschluss der FMEA wird eine zweite Risikobewertung vorgenommen. Die Systematik ist dabei dieselbe wie bei der ersten Risikobewertung. Es wird angenommen, dass die Verbesserungsmaßnahmen wirksam sind und die beschriebene Wirkung entfalten. Der Vergleich mit der ersten Risikozahl zeigt nunmehr das mögliche Verbesserungspotenzial auf. Bei der Entscheidung, welche Maßnahmen realisiert werden, ist zu beachten, dass eine Risikozahl aus unterschiedlichen Faktoren bestehen kann, die unterschiedliche Maßnahmen erfordern. Die meisten Teams vertreten die Auffassung, dass trotz relativ niedriger Risikozahl ein potenzieller Fehler unter allen Umständen zu vermeiden ist.

5.19 Methode: Beschwerdemanagement

In Kapitel 1.7 „Besonderheiten der Dienstleistungsqualität" wird gezeigt, dass „ein nachträgliches Aussortieren mangelhafter Dienstleistungen wie z. B. beim produzierenden Gewerbe im Dienstleistungsbereich nicht möglich ist" und daher vorbeugende Qualitätsmaßnahmen höchste Bedeutung gewinnen.

Doch trotz größter Sorgfalt und Anstrengung ist immer wieder die Konfrontation mit Beschwerden und Mängeln gegeben. Niemand kann absolut fehlerfrei arbeiten. Probleme entstehen jedoch meist erst dann, wenn nicht in angemessener Zeit auf bekannt gewordene Fehler reagiert wird. Darüber hinaus bedeutet die Tatsache, keine Beschwerden zu bekommen noch lange nicht, dass diese nicht existieren. Viele Eltern/Kunden werden ihre Probleme zunächst nicht unbedingt äußern. Erst im Laufe der Zeit, baut sich eine Misstrauenskultur auf, die durch ein wirksames Beschwerdemanagement zu verhindern ist.

Merksatz
Auf jede einzelne Beschwerde muss aktiv reagiert werden, sonst fühlt sich der Beschwerdeführer nicht ernst genommen. Dabei ist es unerheblich ob die Beschwerde als berechtigt angesehen wird oder nicht.

Der Umgang mit Beschwerden erfordert zunächst einige grundlegende Korrekturen im allgemeinen Denkverhalten:

- Eltern/Kunden, die Beschwerden vortragen, sind keine Gegner die in Schach zu halten sind.
- Beschwerden sind kostenlose Informationen, die unter Umständen wichtige Hinweise zu Verbesserungen liefern.
- Vor der mühsamen und aufwändigen Suche nach potenziellen Fehlern hat die Beseitigung von bereits aufgetretenen Mängeln absolute Priorität.

Bei der Implementierung eines Beschwerdemanagements sind folgende Aspekte zu berücksichtigen:

- Bereits vorhandene Abläufe zur Behandlung von Beschwerden überprüfen und gegebenenfalls verbessern
- Abgabemöglichkeit für Beschwerden verbessern wie z. B. Kummerkasten einrichten
- Häufig werden unkompetente Mitarbeiter mit der Bearbeitung von Beschwerden beauftragt **und das ist falsch.** Mit der Beschwerdebearbeitung sollten immer die besten Mitarbeiter beauftragt werden.
- Auf jede Beschwerde muss eine unmittelbare Reaktion erfolgen, z. B. auch per E-Mail oder Telefon.
- Beschwerdeanalysen erfolgen in einem extra dafür eingerichteten Team.
- Alle Mitarbeiter, die ebenfalls betroffen sein könnten, sind über den jeweiligen Stand der Bearbeitung zu informieren.
- Lösungen werden mithilfe der zuvor beschriebenen Methoden erarbeitet.
- Das Beschwerdemanagement wird nicht nur für die Beseitigung externer Beschwerden genutzt. Jeder einzelne Mitarbeiter arbeitet mit bzw. in den installierten Prozessen und ist deshalb interner Kunde seiner Mitarbeiter.
- So tragen alle Mitarbeiter durch die Systematisierung des Beschwerdemanagements zur Verbesserung und Optimierung der Abläufe bei.

Merksatz
Für jede Einrichtung ist es ratsam, ein Beschwerdemanagement einzurichten.
- ***Grundlegend ist dabei die Überwindung des Negativimages von Beschwerden.***
- ***Durch Beschwerden werden oft die effektivsten Verbesserungen eingeleitet und sind deshalb als Chance und nicht als Unannehmlichkeit zu sehen.***

5.20 Methode: Audit (Qualitätsaudit)

Die Norm DIN EN ISO 8402 definiert das Qualitätsaudit als eine „systematische und unabhängige Untersuchung um festzustellen, ob die qualitätsbezogenen Tätigkeiten und damit zusammenhängende Ereignisse den geplanten Anordnungen entsprechen, und ob diese Anordnungen tatsächlich verwirklicht und geeignet sind, die Ziele zu erreichen".

Ein Hauptgrund für die Durchführung von Qualitätsaudits ist festzustellen, ob das Qualitätsmanagementsystem zum einen geeignet und vollständig ist und zum anderen, ob es tatsächlich wie beschrieben verwirklicht ist. Sollte dies nicht der Fall sein, so sind Verbesserungen oder Korrekturmaßnahmen anzustreben.

Das Ergebnis eines Qualitätsaudits hat den Charakter einer Stichprobe und ist deshalb statistisch nicht signifikant. Nur durch kontinuierliche Auditierungen gemäß eines Auditplanes ist ein Verhalten über einen längeren Zeitraum erkennbar.

Ablauf eines Qualitätsaudits

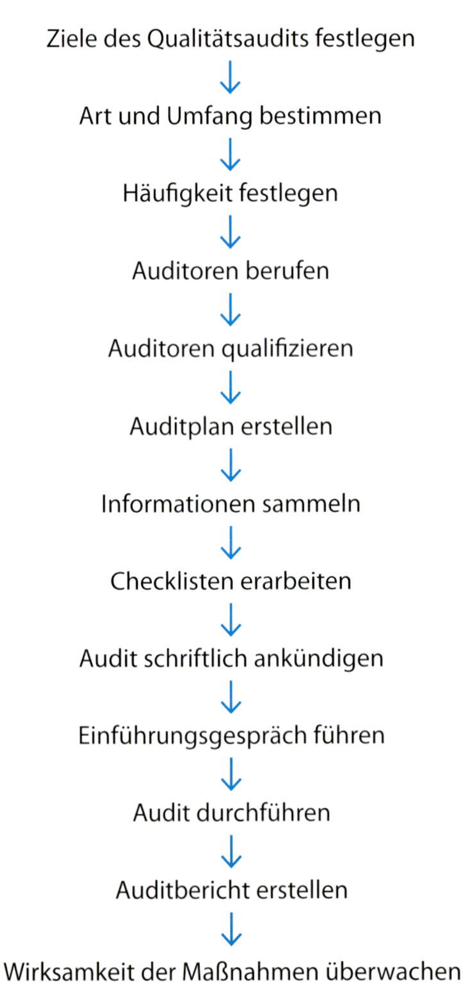

Die Auditchecklisten sollten folgende Themen beinhalten:
- Vorhandensein einer angemessenen Dokumentation
- Wirksame Prozessverwirklichung
- Erkennen von Fehlern
- Dokumentation der Ergebnisse
- Fähigkeiten des Personals
- Verbesserungsmöglichkeiten
- Prozessleistung
- Anwendung geeigneter Methoden
- Regelung von Verantwortungen und Befugnissen
- Leistungsergebnisse und -erwartungen
- Angemessenheit und Genauigkeit der Leistungsmessung
- Verbesserungsmöglichkeiten
- Kommunikation mit internen/externen Kunden

Je nach Gegenstand des Qualitätsaudits haben sich in der Praxis Produktaudits, Prozessaudits und Systemaudits durchgesetzt. Als Sonderformen des Prozessaudits gelten das Dienstleistungaudit sowie das Umweltaudit.

Die Humandienstleitung, die im Bereich der Frühen Bildung generiert wird, stellt ein immaterielles Produkt dar, das zeitgleich mit ihrer Entstehung konsumiert wird und deshalb von einem Auditor meist nicht geprüft werden kann. Deshalb macht es Sinn hier nicht das immaterielle Produkt „Humandienstleistung" zu auditieren sondern den „Prozess der Humandienstleistungserstellung".

Merksatz
Das Qualitätsaudit dient der systematischen, detaillierten und unabhängigen Überprüfung der Einhaltung von vorher festgelegten Anforderungen an die Herstellung von Humandienstleistungen. Es stellt ein bewährtes und effizientes Führungsinstrument dar. Die gewonnenen Informationen geben der auditierten Einrichtung Hinweise zu Leistungsfähigkeit und Verbesserungsbedarf sowie zu nicht ausgeschöpften Potenzialen der Einrichtung.

5.21 Methode: Beobachten

Beobachtungen in Tageseinrichtungen für Kinder haben einen zentralen Stellenwert in der alltäglichen Arbeit der pädagogischen Fachkräfte. Die Gründe können sehr vielfältig sein: als Grundlage für Elterngespräche, Entwicklungs- oder Hilfepläne, zur Kooperation mit Fachdiensten oder um Kinder möglichst nachhaltig und individuell fördern zu können. Auch wenn Beobachtung längst ein selbstverständlicher Teil der täglichen Arbeit ist – so sind dennoch einige Kriterien zu beachten.

Definition
Beim Beobachten werden auf nichtkommunikative Art und Weise mithilfe sämtlicher Wahrnehmungsmöglichkeiten Informationen gesammelt. Im Vergleich zur Alltagsbeobachtung ist wissenschaftliche Beobachtung zielgerichteter und methodisch kontrollierter. Außerdem werden unterschiedliche – möglichst standardisierte – Instrumente verwendet, welche die Repräsentativität gewährleisten sollen.

Je nach Bundesland und Einrichtung bestehen unterschiedliche Erwartungen hinsichtlich der Dokumentation von Entwicklungsstand, Fähigkeiten, Interessen und Lernwegen der einzelnen Kinder. Einigkeit besteht darin, dass Beobachtungen systematisch und regelmäßig erfolgen sollen und in schriftlicher Form lückenlos sämtliche Entwicklungsbereiche, insbesondere auch kritische Aspekte, zu dokumentieren sind. Für einen fundierten Austausch z. B. mit den Eltern ist eine professionell geführte Dokumentation absolut zwingend. Die meisten Bildungsprogramme sehen vor, dass nicht nur der Entwicklungsstand der Kinder, sondern zusätzlich die Interessen und Lernwege der einzelnen Kinder in die Dokumentation mit aufgenommen werden.

Das systematische Beobachten und die zugehörige Dokumentation dienen immer einer pädagogischen Zielverfolgung. Das Beobachtungsmanagement bietet je nach Situation und Zielstellung unterschiedliche Beobachtungsmethoden an:

- Offene Beobachtungsverfahren (Bildungs- und Lerngeschichten)
- Wahrnehmendes Beobachten nach Gerd E. Schäfer oder das Schemata-Konzept
- Merkmalgestütztes Verfahren (z. B. Entwicklungstabelle nach K. Beller)
- Screening-Verfahren (z. B. Grenzsteine der Entwicklung)

In Tageseinrichtungen für Kinder empfiehlt sich eine offene Vorgehensweise, nachdem die Erzieher eingehend auf angemessene – also für Kinder verständliche – Art und Weise über Sinn und Zweck der Beobachtungen informierten. Ein weiterer Grund sind die Schlussfolgerungen, die als Grundlage für fundierte Elterngespräche dienen sollen.

Damit die Erkenntnisse tatsächlich fundiert sind und sich die aufgewendete Zeit für Vorbereitung, Durchführung und Auswertung der Beobachtungen wirklich lohnt, sollten unbedingt standardisierte Bögen verwendet werden.

Standardisierung bedeutet, dass die Bedingungen für die Beobachtung, die Beobachtungseinheiten und die Auswertung des Beobachtungsbogens möglichst genau festgelegt sind. Damit werden die Vergleichbarkeit mehrerer Beobachtungen eines Beobachters sowie die Vergleichbarkeit der Ergebnisse unterschiedlicher Beobachter gewährleistet (zu den drei Testgütekriterien siehe auch Kapitel 2.3.1).

Zur Standardisierung gehört auch die Festlegung darüber, wann beobachtet werden soll. Dies kann systematisch oder rein zufällig geschehen. Eine zufällige Auswahl der Zeiten führt, wenn das Verhalten nicht nur selten auftritt, normalerweise zu repräsentativen Ergebnissen. Ein stellvertretendes Beispiel dazu wäre etwa das Kommunikationsverhalten der Kinder in der Freispielzeit. Eine andere Variante wäre das gezielte Suchen und Abwarten bestimmter Ereignisse, wie etwa die eigenständige Arbeit der Kinder mit bestimmten Materialien.

Merksatz
Fundierte, regelmäßige und zuverlässige Beobachtungen in Tageseinrichtungen für Kinder sind gleichermaßen Voraussetzung und Garant für kontinuierliche Qualität. So dienen die Ergebnisse als Grundlage für die Entwicklung individueller Fördermaßnahmen jedes einzelnen Kindes, für thematische Planungen und Absprachen im Team sowie für Elterngespräche. Insbesondere der letzte Aspekt gewinnt zunehmend an Bedeutung. Regelmäßige schriftlich fixierte Beobachtungen unterstützen die professionelle sozialpädagogische Arbeit und sind Diskussionsgrundlage für Kontakte mit den Eltern.

Siehe auch Kapitel 7.2 (Qualitätshandbuch: Qualitätsstandards (QHS), QHS 5 Dokumentationssystem, Formulare der Kinderakte und Gruppenakte).

Aufgaben

1. *Finden Sie für alle dargestellten Methoden praktische Anwendungsmöglichkeiten im Team einer Kindertageseinrichtung. Legen Sie diesen Überlegungen bitte ein Team mit mindestens fünfzehn pädagogischen Fachkräften zu Grunde.*
2. *Argumentieren Sie, weshalb gerade das Instrument „Quality Function Deployment (QFD)" eine attraktive und umfassende Methode darstellt.*
3. *Die 5S Methode stammt ursprünglich aus Japan und wurde dort vornehmlich in Industrieunternehmen angewandt. Stellen Sie dieses Instrument dar indem Sie für jedes „S" Beispiele aus dem Kita-Alltag finden.*
4. *Im deutschsprachigen Raum existieren unterschiedlichste Vorgehensweisen und Methoden bei der Umsetzung und Einführung eines Qualitätsmanagements in Tageseinrichtungen für Kinder. Stellen Sie anhand eines selbstgewählten Beispiels dar, weshalb die Dienstleistungs-FMEA eine gute Unterstützung bieten kann.*

Das Tagesbetreuungsausbaugesetz (TAG), ein Gesetz zum qualitätsorientierten und bedarfsgerechten Ausbau der Tagesbetreuung und zur Weiterentwicklung der Kinder- und Jugendhilfe:

Qualitätsmerkmale in Tageseinrichtungen und Kindertagespflege

Der Förderungsauftrag von Tageseinrichtungen zu Erziehung, Bildung und Betreuung wird durch die Formulierung von Qualitätsmerkmalen stärker konkretisiert und auf die Kindertagespflege ausgedehnt. Damit gibt der Bund ein Signal zum Ausbau der Tagesbetreuung als qualifiziertes frühes Förderungsangebot, das am Wohl des Kindes ausgerichtet ist.

Tagesbetreuungsausbaugesetz – TAG 3

§ 22 Abs. 3: Der Förderungsauftrag umfasst Erziehung, Bildung und Betreuung des Kindes und bezieht sich auf die soziale, emotionale, körperliche und geistige Entwicklung des Kindes. Er schließt die Vermittlung orientierender Werte und Regeln ein. Die Förderung soll sich am Alter und Entwicklungsstand, den sprachlichen und sonstigen Fähigkeiten, an der Lebenssituation sowie den Interessen und Bedürfnissen des einzelnen Kindes orientieren und seine ethnische Herkunft berücksichtigen.

§ 22 a Abs. 1: Die Träger der öffentlichen Jugendhilfe sollen die Qualität der Förderung in ihren Einrichtungen durch geeignete Maßnahmen weiter entwickeln. Dazu gehört die Entwicklung und der Einsatz einer pädagogischen Konzeption als Grundlage für die Erfüllung des Förderungsauftrages sowie der Einsatz von Instrumenten und Verfahren zur Evaluation der Arbeit in den Einrichtungen.

Aufgaben

1. *Mithilfe welcher Methoden kann oben dargestellter Auszug des TAG in der Kindertagespflege (Tagesmütter und -väter) umgesetzt werden? Konstruieren Sie hierzu ein Fallbeispiel und stellen Sie dar, welche Methoden eingesetzt werden könnten, damit die Kindertagespflege zu einer qualitativ gleichrangigen Alternative zur Kita werden kann.*
2. *Finden Sie unterschiedliche Beobachtungsverfahren für Kitas (Besuch von Einrichtungen oder Literaturrecherche). Welcher Beobachtungsmethode können diese jeweils zugeordnet werden?*

Beseitige Bereichs-, Abteilungs – und Gruppengrenzen!

Deming (Regel 9)

6 Qualitätsmanagement-Systeme

Qualitätssicherung und -entwicklung sind steuerbare Prozesse. Optimiert werden sie jedoch erst, seitdem sich diese Erkenntnis durchgesetzt hatte. Aufgrund dessen wurden vielfältige Instrumentarien und Systeme entwickelt, die insbesondere auch für Dienstleistungen nutzbar gemacht wurden. Die bekanntesten Systeme hierfür sind:

- DIN EN ISO 9000:2000
- European Foundation for Quality Management (EFQM)
- Total-Quality-Management (TQM)

- -

- Das PARITÄTISCHE Qualitätssystem PQS Sys® (2004 und 2005)
- Bundes-Rahmenhandbuch Qualitätsmanagement für Evangelische Kita´s. (2002).
- Qualitätsmanagement in KiTAs der Arbeiterwohlfahrt (AWO- QM) (2000 und 2003)
- KTK-Gütesiegel des Caritas Bundesverbandes e.V. (2004)

Jedes dieser genannten Systeme wird im Folgenden kurz erläutert. Der Trennstrich in der Mitte obiger Auflistung bedeutet, dass die vier letztgenannten Systeme praktisch nicht eigenständig sind, sondern auf einem der drei erstgenannten Systeme aufbauen bzw. sich an diesen orientieren.

Die drei erstgenannten Systeme haben sich mittlerweile weltweit etabliert, sind flexibel einsetzbar und lassen sich der jeweils individuellen Ausgangslage und den speziellen Rahmenbedingungen entsprechend anpassen.

Weiter oben wurde jedoch schon herausgestellt, dass diese allgemeingültigen Systeme zur inhaltlichen Ausgestaltung wenig beitragen, sondern vielmehr auf die Organisation (Prozessorganisation) abzielen.

Die vier Letztgenannten sind eigenständig entwickelte, trägerspezifische Systeme, welche jedoch im Gegensatz zu den drei ersten **konkrete Aussagen zum inhaltlichen Qualitätsniveau treffen** und sich gleichzeitig an der Systematik von DIN EN ISO und EFQM orientieren. Also genau an jenen Kriterien, welche die tägliche Arbeit unterstützen und weiterbringen. Zum besseren Verständnis der Zusammenhänge und der grundsätzlichen Vorgaben folgt zunächst eine kurze Zusammenfassung des instrumentellen Ansatzes von DIN EN ISO, EFQM und TQM.

6.1 Das DIN EN ISO Qualitätsmanagementsystem

Nachdem die DIN EN ISO Normen bereits in Kapitel 2.4 vorgestellt wurden, kommen hier nun lediglich ein paar zusammenfassende sowie in Richtung EFQM und TQM weiterführende Gedanken.

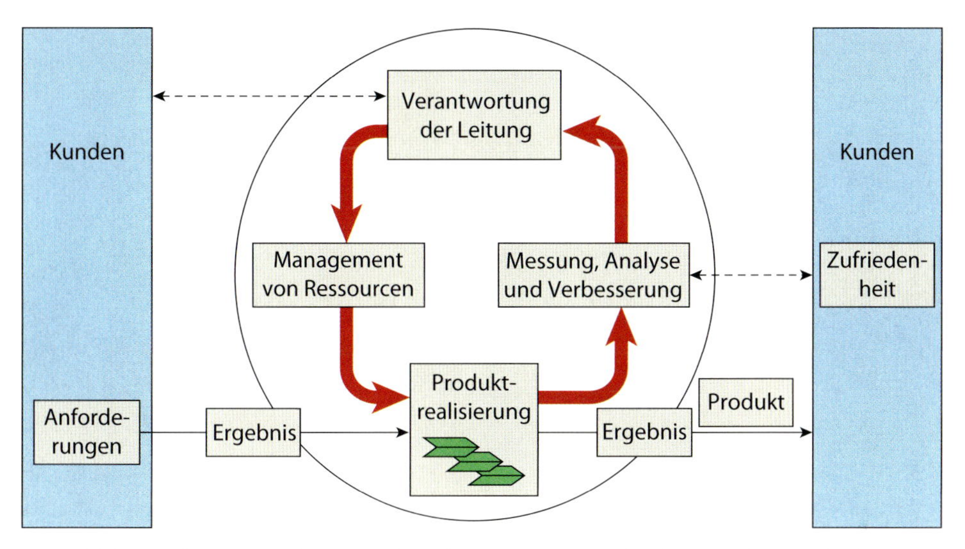

Das Bild zeigt, dass sowohl der Input als auch der Qutput in Verbindung mit den Kunden (sprich Kinder, Eltern...) steht und dass die Verbesserungspotenziale durch eine Qualitätsschleife (diese erinnert uns sehr stark an den PDCA-Zyklus) gehoben werden.

Dieses ablauforientierte Qualitätsmanagementsystem begleitet alle wesentlichen Prozesse einer Einrichtung und durchleuchtet diese. Hauptziel ist die Installation eines **Qualitätskreislaufes**, der einen kontinuierlichen Verbesserungsprozess (KVP) in Gang setzt und in Gang hält. Ausgehend von den Erwartungen und Anforderungen der Kunden (Kinder, Eltern) wird die Dienstleistung entwickelt, erstellt, verbessert und angeboten. Messung und Analyse der Kundenzufriedenheit liefern Verbesserungspotenziale für die Einrichtung **(Qualitätsschleife)**.

Die wesentlichen Kriterien hierbei sind:

- Die zu erfüllenden Aufgaben müssen eindeutig formuliert werden.
- Verantwortung, Zuständigkeiten und Schnittstellen müssen definiert werden.
- Die notwendigen Mittel sind bereit zu stellen.
- Die Prozesse sind zu überwachen und bzgl. des Erfolges zu bewerten.
- Verbesserungsmöglichkeiten sind systematisch zu identifizieren und umzusetzen.

Jede einzelne dieser Aufgaben muss wie in Kapitel 5 „Methoden/Werkzeuge" beschrieben bearbeitet werden.

Mit Veröffentlichung der neuen ISO 9000-Normen im Dezember 2000 erhielt die weltweite Qualitätsmanagement-Welle branchenübergreifend einen weiteren kräftigen Schub in Richtung des Total Quality Management. Ziel- und Ergebnisorientierung, Prozessmanagement und ständige Verbesserung prägen die neuen QM-Normen.

Fazit
Qualitätsmanagement nach DIN EN ISO bietet eine gute Voraussetzung auf der Basis beherrschter Prozesse, systemorientiert zu arbeiten. Dieses Verfahren erfordert hohe inhaltliche und fachliche Kenntnisse. Daher sollte es nicht unreflektiert im Bereich der sozialen Dienstleistungen angewandt werden. Bereits heute ist festzustellen, dass sich Einrichtungen, die ein Qualitätsmanagementsystem nach DIN EN ISO einführen, in der Regel nur oberflächlich verbessern.

Auch die in Aussicht gestellte Zertifizierung der Einrichtung durch externe Auditoren gewährleistet noch keine Qualitätsverbesserung, da hier im wesentlichen überprüft wird, ob die in den Dokumenten beschriebenen Vorgaben auch tatsächlich realisiert wurden (Soll-Ist Vergleich). Mit der Einführung eines Qualitätssicherungssystems sollte aber erreicht werden, dass sich die fachliche Kernkompetenz in der Einrichtung, das heißt hier vor allem die pädagogische Arbeit, ständig und nachhaltig verbessert. Dies kann DIN EN ISO allein nur in sehr beschränktem Umfang leisten.

Für die inhaltliche Ausgestaltung existieren mittlerweile trägerspezifische Systeme, auf die später näher eingegangen wird.

6.2 European Foundation for Quality Management (EFQM)

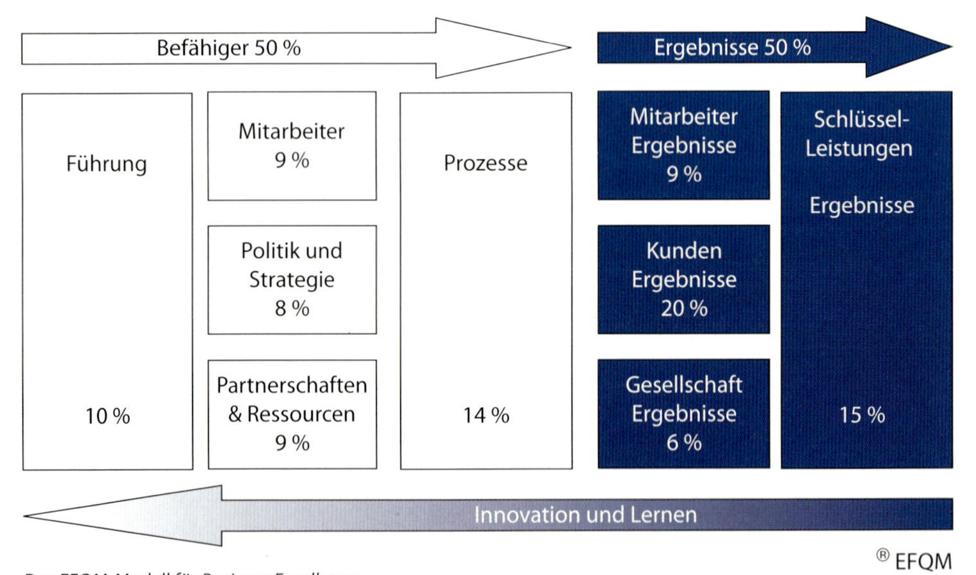

Das EFQM-Modell für Business Excellence

Die European Foundation for Quality (EFQM) wurde 1988 von 14 führenden europäischen Institutionen und Unternehmen gegründet. 1991 gab sie das EFQM-Modell heraus, um eine Organisation bei der Verbesserung ihrer Leistung zu unterstützen. Seit 1992 vergibt diese Organisation den Europäischen Qualitätspreis an Unternehmen mit exzellenter Qualität. Das EFQM-Modell für Business Excellence prägt die Qualitätsphilosophie des Total-Quality-Management (TQM) entscheidend mit. Dies wird anschließend betrachtet.

Im EFQM-Modell wird die Anwendung folgender Grundkonzepte in einem strukturierten Managementsystem dargestellt: Ergebnisorientierung, Kundenorientierung, Führung und Zielkonsequenz, Management mit Prozessen und Fakten, Mitarbeiterentwicklung und -beteiligung, kontinuierliches Lernen, Innovation und Verbesserung, Aufbau von Partnerschaften sowie Verantwortung gegenüber der Öffentlichkeit.

Exzellente Ergebnisse im Hinblick auf Leistung, Kunden, Mitarbeiter und Gesellschaft werden durch eine Organisationsführung erzielt, die Politik und Strategie, Mitarbeiter, Partnerschaften, Ressourcen und Prozesse auf ein hohes Niveau hebt.

Das Modell, welches mittlerweile in Organisationen des öffentlichen Dienstes häufig verwendet wird, definiert Bewertungskriterien, die in zwei Faktorengruppen gegliedert sind.

Potenzialfaktoren (Befähiger)	**50 %**		
• Führung		10 %	
• Mitarbeiter- Orientierung		9 %	
• Politik und Strategie		8 %	
• Ressourcen		9 %	
• Prozesse		14 %	(3. Priorität)

Ergebnisfaktoren (Ergebnisse)	**50 %**		
• Mitarbeiter- Zufriedenheit		9 %	
• Kundenzufriedenheit		20 %	(1. Priorität)
• Gesellschaftliche Verantwortung		6 %	
• Schlüssel-Leistungen		15 %	(2. Priorität)

Die Grundgesamtheit von 100 % wurde in neun Kriterien mit einer vorher festgelegten stark unterschiedlichen Gewichtung aufgeteilt. Hieraus ergibt sich, dass dem Kunden (sprich Kind, Eltern u. a.) die höchste Priorität zugeordnet wird (20 %). An zweiter Stelle folgen die angebotenen Schlüssel-Leistungen mit 15 % und an dritter Stelle die Prozesse mit 14 % und so weiter.

Anmerkung

Es ist nicht bekannt, wie EFQM die Prozentsätze für die angewendete Gewichtung ermittelte, ob hierfür ein wertanalytischer Ansatz zugrunde liegt oder eben andere Überlegungen bzw. ob diese willkürlich so festgelegt wurden. Bemerkenswert ist aber, dass für alle denkbaren Anwendungen (z. B. Industrie, Behörden, Gesundheitswesen) dasselbe Gewichtungsprofil zur Anwendung kommen soll.

Einige Kritiker des EFQM- Modells beanstanden, dass langfristige Beurteilungen der Ergebnisse sehr vernachlässigt würden. Dieser Einwand ist jedoch nicht haltbar. Es ist eine Selbstverständlichkeit, dass Kennzahlen wie z. B. Kundenzufriedenheit oder Qualität der Dienstleistung, kontinuierlich erhoben werden und keine Momentaufnahme darstellen.

Nun ein kurzer Überblick über die Faktorengruppen:

- **Führungskräfte**
  - erarbeiten die Vision, die Mission und Werte, sie agieren als Vorbilder für eine Kultur der Excellence.
  - sorgen durch ihr persönliches Mitwirken für die Entwicklung, Überwachung und kontinuierliche Verbesserung des Managementsystems der Organisation.
  - bemühen sich um Kunden, Mitarbeiter und Partner der Einrichtung.
  - motivieren und unterstützen die Mitarbeiter der Einrichtung und erkennen ihre Leistungen an.
- **Mitarbeiter-Orientierung**
  - Mitarbeiterressourcen werden geplant, gemanagt und verbessert.
  - Wissen und Kompetenzen der Mitarbeiter werden ermittelt, ausgebaut und aufrechterhalten.
  - Mitarbeiter werden beteiligt und zu selbständigem Handeln ermächtigt.
  - Die Mitarbeiter und die Einrichtung führen einen Dialog.
  - Mitarbeiter werden belohnt, anerkannt und betreut.
- **Politik und Strategie**
  - beruhen auf den gegenwärtigen und zukünftigen Bedürfnissen und Erwartungen der Interessengruppen.
  - beruhen auf Informationen aus Leistungsmessung, Marktforschung sowie lernorientierten und kreativen Aktivitäten.
  - werden durch ein Netzwerk von Schlüsselprozessen umgesetzt.
  - werden kommuniziert und eingeführt
- **Ressourcen**
  - Externe Partnerschaften werden gemanagt.
  - Finanzen werden gemanagt.
  - Gebäude, Einrichtungen und Material werden gemanagt.
  - ebenso Technologien, Informationen und Wissen.
- **Prozesse**
  - werden systematisch gestaltet.

- werden bei Bedarf verbessert, wobei Innovation genutzt wird, um Kunden und andere Interessengruppen voll zufrieden zu stellen und die Wertschöpfung für diese zu steigern.
- Dienstleistungen werden aufgrund der Bedürfnisse und Erwartungen der Kunden entworfen und entwickelt.
- Dienstleistungen werden betreut.
- Beziehungen zu Kunden werden gepflegt und vertieft.

- **Mitarbeiterbezogene Ergebnisse**
  - Wie steht es um das Betriebsklima?
  - Geht die Führung beim managen von Veränderungen voran?
  - Wie sozial sind die Arbeitsverträge gestaltet?
  - Wird Aus- und Weiterbildung gefördert?
  - Gibt es eine Ergebnisbeteiligung?
  - Ist die Chancengleichheit für alle Mitarbeiter gegeben?
  - Wird Gesundheitsfürsorge ernst genommen?
  - Unterstützt die Einrichtung öffentliche Freizeitaktivitäten?
- **Kundenbezogene Ergebnisse**
  - Wird die Kundenzufriedenheit gemessen, existieren hierzu Kennzahlen?
  - Sind Rückmeldeverfahren für Kundenzufriedenheit und Kundenwünsche vorhanden?
  - Wird das Prinzip des internen Kunden durchgängig gelebt?
  - Werden Kundenwünsche regelmäßig analysiert und realisiert?
  - Werden Beziehungen zu Kunden gepflegt und vertieft?
- **Gesellschaft Ergebnisse**
  - Wie wird die Einrichtung von außen wahrgenommen?
  - Kommen die „Kunden" aus dem gesellschaftlichen Umkreis?
  - Findet ein Dialog mit Kommunen, Vereinen und Verwaltungen statt?
  - Leistet die Einrichtung Beiträge für eine gute gesellschaftliche Entwicklung am Standort?
  - Unterstützt die Einrichtung öffentliche Freizeitaktivitäten?
- **Schlüssel-Leistungen**
  - Welches Einzugsgebiet/Auslastung hat die Einrichtung?
  - Kann die Einrichtung die Anzahl der benötigten Krippenplätze bereitstellen?
  - Wie ist die Entwicklung der (monetären-/nichtmonetären) Kennzahlen?
  - Werden notwendige Investitionen zeitnah getätigt?
  - Ist ausreichend pädagogisches Personal verfügbar?

Auf der Basis obiger Kriterien und unter Berücksichtigung der angegebenen Gewichtung soll eine systematische und turnusmäßige Selbstbewertung durchgeführt werden. So kann der Nachweis für erzielte Ergebnisse erbracht werden. In diesem Sinn wird das EFQM-Modell zur Selbstbewertung auch in sozialen Organisationen genutzt.

Mitgestaltung von Gottesdiensten als gesellschaftlicher Beitrag.

Als Nachtrag und zur Unterstützung der Selbstbewertung hat EFQM das RADAR-Prinzip entwickelt. Der Name RADAR ist abgeleitet aus den Anfangsbuchstaben von **R**esults, **A**pproach, **D**eployment, **A**ssessment und **R**eview. Im Deutschen könnte man am ehesten die Begriffe:

- Resultate
- Annäherung
- Durchführung
- Abschätzung und
- Rückblick

einsetzen. Dieses Modell beinhaltet eine Bewertung, die der bereits bekannten PDCA–Logik folgt:

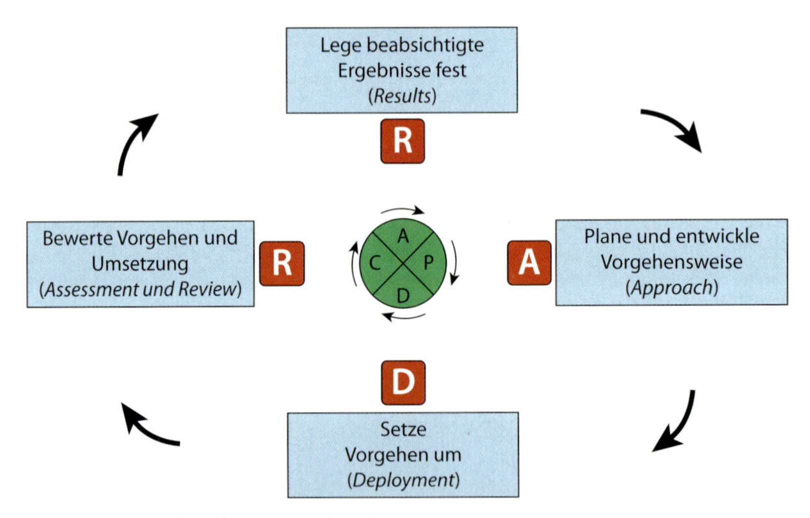

Das RADAR-Modell (Zollondz, 2002, S. 305)

Die Logik beinhaltet, dass eine Organisation:

- die Ergebnisse (**R** esultate) festlegt, zu deren Realisierung die gewählte Strategie geeignet ist.
- Vorgehensweisen (**A** nnäherung) erarbeitet, um die festgelegten Ergebnisse jetzt und in Zukunft zu erreichen.

- eine systematische Umsetzung (**D** urchführung) der Vorgehensweisen vornimmt.
- eine Bewertung (**A** bschätzung und **R** eview) der Vorgehensweisen basierend auf Beobachtung und Analyse der Ergebnisse vornimmt.

Basierend auf diesem RADAR–Prinzip sollen Verbesserungen identifiziert, geplant und realisiert werden.

Die EFQM definiert Excellence als überragende Vorgehensweise der Leitung einer Organisation beim Erzielen der geplanten Ergebnisse auf der Basis von acht Grundkonzepten – den acht Eckpfeilern der Excellence.

Ergebnisorientierung

Excellence ist davon abhängig, wie die Ansprüche aller relevanten Interessengruppen in ein ausgewogenes Verhältnis zueinander gebracht werden können – hierzu gehören Mitarbeiter, Kunden, Träger, Lieferanten sowie die Gesellschaft ganz allgemein.

Kundenorientierung

Über die Dienstleistungsqualität entscheidet letztendlich die Meinung des Kunden. Kundenloyalität, Kundenbindung und Marktanteil werden am besten durch eine klare Ausrichtung auf die Bedürfnisse gegenwärtiger und potenzieller Kunden optimiert.

Führung und Zielkonsequenz

Das Verhalten der Führungskräfte einer Einrichtung schafft Klarheit und Einigkeit hinsichtlich des Organisationszwecks und ein Umfeld, in dem die Organisation und ihre Mitarbeiter überragende Leistungen schaffen können.

Management mit Prozessen und Fakten

Organisationen arbeiten effektiver, wenn alle miteinander verknüpften Aktivitäten verstanden und systematisch gemanagt sowie Entscheidungen über gegenwärtige Aktivitäten und geplante Verbesserungen auf Grund zuverlässiger Informationen getroffen werden. Auch die Belange der Interessengruppen müssen dabei berücksichtigt werden.

Mitarbeiterentwicklung und –beteiligung

Das volle Potenzial der Mitarbeiter kann sich am besten unter gemeinsamen Werten und einer Kultur des Vertrauens und des eigenverantwortlichen Handelns, in der alle Mitarbeiter zur Beteiligung ermutigt werden, entfalten.

Kontinuierliches Lernen, Innovation und Verbesserung

Die Leistung einer Einrichtung wird gesteigert, wenn sie auf Management und Wissenstransfer beruht und in eine Kultur kontinuierlichen Lernens, kontinuierlicher Innovation und Verbesserung eingebettet ist.

Aufbau von Partnerschaften

Eine Einrichtung arbeitet effektiver, wenn sie beiderseits vorteilhafte Beziehungen mit ihren Partnern unterhält, die auf Vertrauen, Wissenstransfer und Integration baut.

Verantwortung gegenüber der Öffentlichkeit

Den langfristigen Interessen der Organisation und ihrer Mitarbeiter dient am besten ein ethisch einwandfreies Vorgehen, das die Erwartungen und Regeln der Gesellschaft weitestgehend übertrifft.

Das EFQM bietet hierzu unter anderem einen Fragebogen an, der die einzelnen Kriterien der beiden Faktorengruppen abdeckt und in veränderter Form auch auf KiTas anzuwenden ist.

Es handelt sich um einen sehr umfangreichen Fragebogen, der über EFQM, 1200 Brüssel, email: info@efam.org zu beziehen ist.

6.3 Total-Quality-Management (TQM)

Beim Total-Quality-Managementsystem handelt es sich um ein umfassendes System, das die bereits beschriebenen Modelle DIN EN ISO und EFQM in sich vereint und durch eine zukunftsweisende Qualitätsphilosophie ergänzt wird.

Diese Qualitätsphilosophie umfasst Leitbild, Führungsprinzipien und Qualitätsziele.

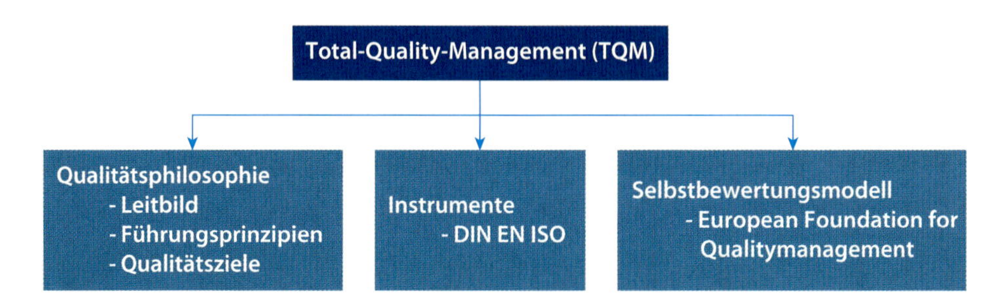

Betrachtet man die drei Bausteine des TQM näher, so ist festzustellen, dass sie sich gegenseitig ergänzen und nur in dieser Vernetzung ein komplettes System ergeben.

Die Instrumente nach DIN EN ISO als auch das EFQM sind trägerunabhängige allgemeine Systeme. Die Qualitätsphilosophie bestehend aus Leitbild, Führungsprinzipien und Qualitätszielen bildet dagegen gänzlich die Belange der verschiedenen Träger ab.

Dieses System muss als eine Gesamtheit aus Geisteshaltung, Strategien, Methoden und Techniken gesehen werden, das einer kontinuierlichen und ständigen Qualitätsförderung unterliegt. Eine direkte Übersetzung des Begriffs TQM könnte folgendermaßen lauten:

- **Total** meint, dass alle Mitglieder und Mitarbeiter einer Einrichtung (z. B. Träger, Kunden, Gesellschaft, Sponsoren) sowie das gesamte Umfeld vom Qualitätsgedanken der ständigen und kontinuierlichen Verbesserung überzeugt sind und in den Prozess der gesamten Wertschöpfungskette einbezogen werden. In der Regel wird daher „total" im Deutschen meist mit „umfassend" oder „ganzheitlich" übersetzt.
- **Quality** steht für die Art, Beschaffenheit und Güte der Dienstleistungen gemäß dem „richtig beim ersten Mal" Grundsatz. Wichtig dabei ist die Perspektive der Beteiligten, die unmittelbar mit der Arbeit zu tun haben und derjenigen, welche diese Dienstleistung in Anspruch nehmen. „Richtig beim ersten Mal" ist ein allgemeingültiger Grundsatz, der besagt, dass Qualität nicht durch ständiges, teures Nachbessern zu erreichen ist sondern eben durch eine Vorgehensweise, deren Bestreben es ist, von Beginn an qualitativ hochwertig und anspruchsvoll zu arbeiten damit in der Folge keine Verbesserungen notwendig sind. Die Perspektive der Beteiligten richtet das Augenmerk wiederum auch auf interne und externe Kunden.
- **Management** verdeutlicht, dass die Entwicklung von Qualität maßgeblich von der Qualität des Führungsverhaltens abhängig ist und ein konsistentes, abgestimmtes Vorgehen erfordert. Darüber hinaus meint „managen", dass Qualitätsverbesserungen mit konkreten Aktionen bewerkstelligt werden müssen und eine Orientierung an Spitzenleistungen erfolgen soll. Wenn die Führung Qualität nicht vorlebt, kann als Endergebnis auch keine umfassende Qualität resultieren.

6.3.1 Qualitätsphilosophie/Trägerleitbild

Um die Grundsätze eines umfassenden Qualitätsverständnisses realisieren zu können, ist es notwendig, dies in einem Trägerleitbild näher zu beschreiben und verbindlich festzulegen. Das Trägerleitbild repräsentiert die Werthaltung einer Einrichtung und beinhaltet sowohl fachliche als auch trägerspezifische (z. B. theologische Positionen), die in der praktischen Arbeit umgesetzt werden sollen. Letztlich geben diese Werthaltungen Auskunft über Sinn und Zweck der Arbeit

Das Qualitätsleitbild, oft als Untermenge des Trägerleitbildes dargestellt, soll Inhalt und Sinn der Qualitätsbemühungen darlegen. Es ermöglicht dem Träger den Inhalt dieser Bemühungen sowohl nach außen als auch nach innen transparent zu machen. Nach außen stellt es ein gutes Instrument für die Öffentlichkeitsarbeit dar. Nach innen dient es als Orientierung für die alltägliche Qualitätsarbeit und für die laufende Verbesserung und Weiterentwicklung der Qualitätspolitik.

Die Entwicklung des Qualitätsleitbildes sollte in der Sprache der Mitarbeiter und am besten mit ihrer Beteiligung erarbeitet werden, damit eine sinnvolle Umsetzung gewährleistet werden kann. Abstrakte Formulierungen imponieren vielen Mitarbeitern und Eltern nicht und sollten deshalb vermieden werden. Das Qualitätsleitbild sollte zum Ausdruck bringen, dass

- alle Bereiche der Einrichtung berücksichtigt sind.
- die Führung eine Vorbildfunktion hat.

- eine durchgängige Kommunikation mit allen Mitarbeitern und allen Beteiligten stattfindet.
- die Erstellung des Qualitätsleitbildes keine einmalige Aktion war.

Als Richtschnur für den Inhalt eines Qualitätsleitbildes dient folgende Auflistung:
- Grundsätzliches wie z. B. Einbindung in das Trägerleitbild
- Zielsetzung der Qualitätspolitik
- Die qualitätsbestimmenden Tätigkeiten/Prozesse
- Orientierung innerhalb der Gesellschaft
- Partnerschaft mit den Erziehungsberechtigten
- Gesetzgebung und mitgeltende Unterlagen
- Beschwerdemanagement
- Erfolgsnachweise

Nachfolgend Ausschnitte der Konzeption des Theresia-Gerhardinger-Hauses mit Kinderkrippe, Kindergarten und Schülerhort.

Partnerschaft mit den Erziehungsberechtigten

„Eine intensive Zusammenarbeit mit den Eltern ist für uns von größter Bedeutung und für eine hilfreiche Erziehungsbegleitung unbedingt notwendig.

Förderung und Erziehung der Kinder ist uns ein umfassendes Anliegen.

Um den Kontakt zu pflegen, Informationen austauschen zu können und die gegenseitige Unterstützung erfahrbar zu machen bieten wir Eltern/Erzieher Gespräche an. Durch Infobriefe werden die Eltern über Aktuelles informiert.

Wir laden zu Aufnahmegesprächen, zu Elterntreffs, Hospitationen und pädagogischen Vorträgen ein. Gemeinsame Feste bringen gute Kontaktmöglichkeiten der drei Einrichtungen unseres Theresia-Gerhardinger-Hauses.

Die Sorge um benachteiligte Kinder und Familien hat einen besonderen Stellenwert in unserer Einrichtung; bei Notwendigkeit gewähren wir Hilfen und Unterstützung.“
(Theresia-Gerhardinger-Haus mit Kinderkrippe, Kindergarten, Schülerhort, 2010)

Merksatz
Wird das Qualitätsleitbild als Untermenge des Trägerleitbildes erstellt, so empfiehlt es sich, das gesamte Dokument so zu gliedern und zu strukturieren, dass es immer wieder mit allen Beteiligten (z. B. Eltern, Mitarbeiter) inhaltlich neu abgestimmt werden kann. Wird das Qualitätsleitbild weiter gefasst damit es die vollständige Vision des Trägers wiedergibt, so kann es durchaus auch als alleiniges Leitbild geführt werden.

6.3.2 Qualitätsphilosophie/Führungsprinzipien

Ein qualitätsförderndes Führungsverständnis hebt die besondere Verantwortung der Führungskräfte in einer Einrichtung hervor. Im TQM-Verständnis nehmen die Führungskräfte bei der Realisierung der im Leitbild verankerten Grundsätze eine Vorbildfunktion ein. Vor allem müssen die Führungskräfte alle nötigen Voraussetzungen schaffen und dafür sorgen, dass alle Mitarbeiter die Qualität ihrer Arbeit als obersten Wert verinnerlichen. Bei erfolgreichen Unternehmungen konnte übereinstimmend festgestellt werden, dass die gelebte Vorbildfunktion die stärkste Triebfeder für die Verinnerlichung des Qualitätsgedankens ist. Dabei sind wichtige Verhaltensweisen bzw. Verhaltensänderungen der Führungskräfte eine unabdingbare Voraussetzung für die Implementierung der neuen Qualitätsphilosophie:

- Der Mitarbeiter ist der wichtigste Aktivposten der Einrichtung
- Fehler vermeiden, nicht Fehler beheben
- Fehlerursachen gemeinsam ergründen – keine Schuldzuweisungen erteilen
- Mitarbeiter coachen (= betreuen) – nicht beherrschen
- Entscheidungen werden auf der Fachkompetenzebene getroffen
- Geführt wird mit Zielen und Fakten
- Verbesserungsaktivitäten fördern - niemals ausbremsen
- Organisierte, offene Kommunikation schaffen
- Arbeiten in Prozessen – keine Bereichsoptimierung
- Aktives Qualitätsmanagement ist Teil der täglichen Arbeit – keine Zusatzaufgabe

Führungsgrundsätze dieser Art sollte sich jede Organisation individuell erarbeiten und durch einen ständigen Prozess die notwendigen Verhaltensänderungen sichern.

6.3.3 Qualitätsphilosophie/Qualitätsziele

Die im Leitbild dokumentierten Werthaltungen müssen mit konkreten Qualitätszielen hinterlegt sein um in der praktischen Arbeit umgesetzt werden zu können. Sie informieren über Ziele, welche die Einrichtung in einem bestimmten Zeitraum erreichen möchte. Qualitätsziele müssen so realistisch gewählt werden, dass sie hinsichtlich des Anforderungs- und Schwierigkeitsgrades einerseits realisiert werden können, andererseits aber eine Herausforderung darstellen, welche die Einrichtung gegenüber den Mitbewerbern nach vorne bringt. Höchste Priorität haben dabei:

- die Wichtigkeit für den Kunden
- Dringlichkeit der Maßnahme
- Wettbewerbsvorteil gegenüber Mitkonkurrenten

In der Praxis hat sich ein Planungshorizont für strategische Ziele von mindestens 3 Jahren bewährt. Dieser Horizont wird in einzelne Jahresziele aufgeteilt und mit den entsprechenden Maßnahmen kombiniert. Die Aufteilung und Abstimmung der Jahresziele in horizontaler Ebene (Kundenwünsche) und vertikaler Ebene (Unternehmensziele) wird in der Fachsprache „Policy Deployment“ genannt.

6.3.4 Die Entwicklung zu Total-Quality-Management

In den 1980er Jahren entstanden die Normen der ISO 9000-Familie als international anerkannte und branchenneutrale Grundlage für modernes Qualitätsmanagement. Qualitätssicherung, welche nur einzelne Bereiche eines Unternehmens oder einer Einrichtung betrifft, wandelt sich zu Qualitätsmanagement und Total-Quality-Management.

Seit den 1990er Jahren wurde das Qualitätsmanagement mehr und mehr in allen Unternehmens- und Einrichtungsbereichen angewandt und entwickelte sich so zu einem grundlegendem Bestandteil der Managementauffassung. ISO 9000 etabliert sich bei Organisationen in nahezu allen Branchen und Größen. Dabei wird die Zertifizierung des Qualitätsmanagementsystems auf Grundlage von ISO 9001 in vielen (hauptsächlich produzierenden) Unternehmen Standard. Allerdings konzentriert sich die Betrachtung meist nur auf ISO 9001. Hinzu kommt eine zu starre Fixierung auf das Zertifikat, mit der Folge, dass durch diese oberflächliche Anwendung der ISO 900X das Ziel eines umfassenden Managementsystems nicht erreicht werden kann. Durch die Anwendung des EFQM-Modells möchten sich aus diesem Grund einige Unternehmen/Einrichtungen von jenen ISO 9000-Anwendern abgrenzen. Insbesondere die EFQM prägt mit den Begriffen „Business Excellence" bzw. „Excellence" weitere Unterscheidungsmerkmale.

Die vollständig überarbeiteten ISO 9000-Normen stellen heute nun die Aspekte des Total-Quality-Management deutlicher in den Vordergrund und bilden so einen direkten Bezug zum EFQM-Modell für Excellence.

6.3.5 TQM-Bausteine

Aus der Kombination von ISO 9001/ ISO 9004 (Anforderungen an QM-Systeme und Anleitungen zur Leistungsverbesserung) und dem EFQM-Modell (Beurteilungskriterien für einen Leistungsvergleich) ergeben sich die nachfolgend dargestellten TQM-Bausteine:

Realisierungs-Bausteine	Bewertungs-Bausteine
Verantwortung der Leitung Management der Ressourcen Management der Prozesse Messung und Analyse	Kundenbezogene Ergebnisse Mitarbeiterbezogene Ergebnisse Gesellschaftsbezogene Ergebnisse Trägerbezogene Ergebnisse Lieferanten-/Partnerbezogene Ergebnisse
Innovation und ständige Verbesserung	

In diesem Modell spiegeln sich vier Hauptaspekte des Total-Quality-Managements wider:

- Verpflichtung der obersten Leitung
- Einbeziehung der gesamten Organisation
- Ausrichtung an den Interessenpartnern
- Ständige Verbesserung

Einige Gedanken zu Innovation und Ständiger Verbesserung

Innovationen erfolgen meist in großen Schritten und führen zu einer grundlegenden Verbesserung oder zur Verwirklichung neuer Ansätze und werden üblicherweise von funktionsübergreifenden Teams im Rahmen spezieller Projekte realisiert. Von ständigen Verbesserungen erwartet man nicht eine sofortige gravierende positive Veränderung. Von ständigen Verbesserungen spricht man, wenn kleine Verbesserungsschritte von Mitarbeitern in allen Bereichen der Organisation fortlaufend erarbeitet und umgesetzt werden. Verbesserungsziele sollten überall in der Einrichtung festgelegt werden und so definiert sein, dass der Fortschritt gemessen werden kann. Sie sollten klar verständlich, herausfordernd und sachdienlich sein. Außerdem sollten sie die sich ändernden Erwartungen der Interessenpartner der Einrichtung deutlich widerspiegeln und einer regelmäßigen Überprüfung unterzogen werden. Eben ausgeführte Verbesserungen sollten eindeutig geplant werden, um ein systematisches Vorgehen bei der Realisierung der angestrebten Ziele zu gewährleisten.

Besonders notwendig ist die Schaffung eines geeigneten Umfeldes für Verbesserungen. Dazu gehören:

- Mitarbeiter zur Verbesserung motivieren. Teammitglieder sollen das Gefühl haben, dass Verbesserungsmaßnahmen erwünscht und auch erwartet werden.
- Schulung und Training ermöglichen und fördern. Um Qualitätsverbesserungsprojekte effektiv und erfolgreich durchzuführen, benötigt die Einrichtung dementsprechend qualifizierte Mitarbeiter.
- Personelle und materielle Mittel bereitstellen. Die oberste Einrichtungsleitung sollte gewährleisten, dass Know-how, Zeit sowie finanzielle Investitionen bereitgestellt werden, um Verbesserungsprojekte zuverlässig und kompetent durchführen zu können.
- Transparenz von Informationen und Daten. Alle beteiligten Personen sollen uneingeschränkt alle notwendigen Informationen erhalten bzw. sich beschaffen können.
- Förderung des Bewusstseins zur ständigen Verbesserung. Verbesserungsteams, deren Leiter von den Teammitgliedern bestimmt wurden, verfügen über alle notwendigen Kompetenzen, um gemeinsam Wissen und Know-how entwickeln zu können. Für erreichte Verbesserungen bekommen sie durch die Leitung entsprechende Anerkennung.
- Verfolgen von Verbesserungsprojekten. Bei der Verfolgung von Verbesserungsprojekten sollten einige Aspekte überwacht und bewertet werden:
  - Sind die durchgeführten Verbesserungsaktivitäten ausreichend, um tatsächlich die gewünschten Resultate zu erzielen?
  - Werden die Verbesserungen planungsadäquat durchgeführt? (Termin, Ziele etc.)
  - Stehen die für die Durchführung der Verbesserungstätigkeiten eingesetzten Mittel in entsprechendem Verhältnis zum erzielten Nutzen?
  - Beteiligen sich alle Bereiche der Einrichtung am Verbesserungsprozess?

6.4 Das PARITÄTISCHE Qualitätssystem PQS Sys®

Das PARITÄTISCHE versteht sich als Sammelbecken für eine Vielzahl von Mitgliedorganisationen mit unterschiedlichsten Dienstleistungen und demzufolge auch völlig unterschiedlichen trägerspezifischen Leitbildern. Eine Vielfalt von inhaltlichen Arbeitsansätzen wie der Waldorfpädagogik und Montessori-Pädagogik aber auch unterschiedliche religionspädagogische Ansätze vereinigen sich unter dem Dachverband des PARITÄTISCHEN. Zunächst ist „das PARITÄTISCHE" ein feststehender Begriff, zum zweiten ergibt sich aus der großen Unterschiedlichkeit, dass es für diese bunte Vielfalt kein gemeinsames Leitbild geben kann.

Das **PARITÄTISCHE** Qualitätssystem und dessen Dienstleistungsmodule basieren auf der DIN EN ISO und dem EFQM-Modell. Speziell entwickelte Checklisten für unterschiedlichste Dienstleistungen unterstützen die Mitgliedsorganisationen bei der Erstellung eigener Leitbilder, Zielsetzungen und Umsetzungsstrategien.

Das Angebot des PARITÄTISCHEN besteht aus drei Säulen:

- **Unterstützung** durch das PARITÄTISCHE (gemeinsame Qualitätsstandards, Erfahrungsaustausch, Vernetzung der Mitglieder, überregionaler Austausch usw.)
- **Beratung und Schulung**: Das PARITÄTISCHE hält ein sehr umfangreiches und gutes Schulungsprogramm für Aus- und Fortbildungen bereit, das interessante Möglichkeiten anbietet (z. B. Schulungen für den Qualitäts-Check, QM-Beauftragte, QM-Projektleiter, Auditoren oder zum EFQM-Assessor).

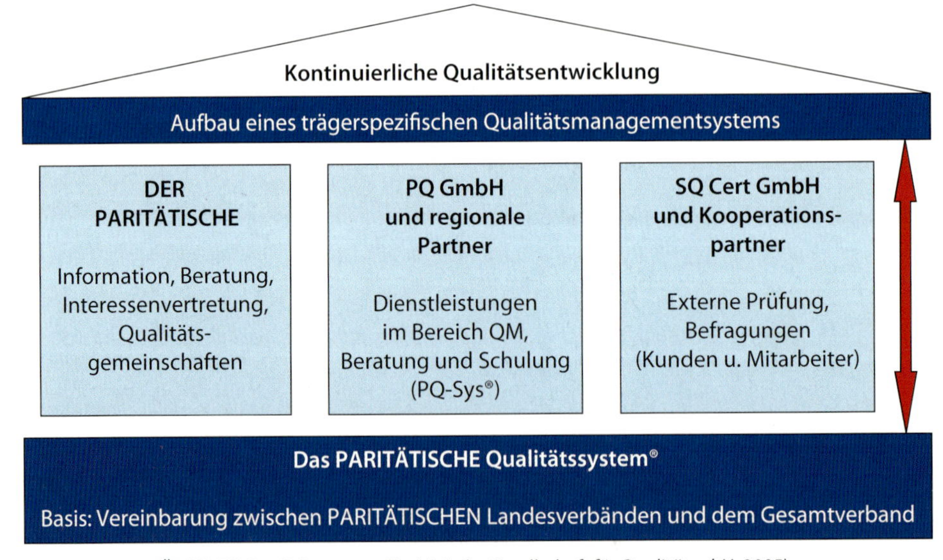

Modell des PARITÄTISCHEN Qualitätssystem (Paritätische Gesellschaft für Qualität mbH, 2005)

- **Externe Überprüfungen** Zertifizierungen dienen der Erlangung des PARITÄTISCHEN Qualitätsgütesiegels. Für die externe Überprüfung wurde eine eigene GmbH gegründet, die dem Dachverband unterstellt ist, die so genannte SQ Cert GmbH.

Die drei Stufen des PARITÄTISCHEN-Gütesiegels:

Wie in der Gastronomie werden hier Sterne vergeben. Die Kriterien ermöglichen es deswegen auch Laien (z. B. Eltern, Kooperationspartnern) das jeweilige Qualitätsniveau einschätzen zu können.

1. Stern: Aufbau eines Qualitätssicherungssystems sowie Nachweis der Verankerung der gesetzlichen und vertraglichen Verpflichtungen.
2. Stern: Weiterführung des Qualitätssicherungssystems in Richtung EFQM durch Mitarbeiter-/Kundenbefragungen und Benchmarking mit anderen Einrichtungen.
3. Stern: Zusätzlich regelmäßige Selbstbewertungen nach dem EFQM-Modell durch eigene ausgebildete Auditoren und Umsetzung der sich daraus ergebenden Verbesserungsmaßnahmen.

Die in der DIN EN ISO nicht enthaltenen konkreten Aussagen zum inhaltlichen Qualitätsniveau sind durch das PARITÄTISCHE Qualitätssiegel verbandsspezifisch definiert. So gilt speziell für Kindertagesstätten der Qualitäts-Check Kita PQ-Sys®. Dieser besteht aus fünf Evaluationsbögen, welche nochmals in thematische Blöcke unterteilt sind.

- Evaluationsbogen I: Struktur und Verwaltungsorganisation
- Evaluationsbogen II: Verantwortung der Entscheidungsträger
- Evaluationsbogen III: Angebot und Leistungserbringung
- Evaluationsbogen IV: Ergebnisqualität
- Evaluationsbogen V: Qualitätsmanagement-System

Für kleine Einrichtungen, die entweder erst zu einem späteren Zeitpunkt eine Zertifizierung anstreben oder für welche eine Zertifizierung zu teuer ist, stehen interne und externe Evaluationsverfahren zur Verfügung, deren Bedeutung allerdings unterhalb einer Zertifizierung angesiedelt ist.

Vermeide den Gebrauch von reklementierenden Aufrufen, Slogans, Plakaten und Ermahnungen!

Deming (10)

6.5 Bundes-Rahmenhandbuch: Qualitätsmanagement für Evangelische Kindertagesstätten

Das Bundes-Rahmenhandbuch, dass 2002 als Orientierungshilfe für evangelische Kindertagesstätten veröffentlicht wurde, dient zur Erstellung einer einrichtungsspezifischen Dokumentation sowie der Erstellung eines Qualitätshandbuches unter Berücksichtigung theologischer Grunddimensionen, welche die Praxis in evangelischen Tageseinrichtungen für Kinder bestimmen sollen. Der Freiheitsgrad gegenüber nichtchristlichen Trägern ist hier insofern eingeschränkt, da z. B. durch theologische Grunddimensionen das Leitbild bereits größtenteils beschrieben ist.

An folgenden vier Grunddimensionen der evangelischen Kirche sollte sich das Profil evangelischer Kindertagesstätten orientieren:

- Diakonia (Dienst der Solidarität)
- Martyria (Vom Glauben erzählen)
- Koinonia (Das Zusammenleben gestalten)
- Leiturgia (Die Feier des Lebens)

Das Bundes-Rahmenhandbuch orientiert sich an den Anforderungen des Total-Quality-Management (TQM) wobei ein Dreierschritt die Anwendung kennzeichnet:

- Theologische Dimension (die 4 Aspekte: Selbstverständnis, Miteinander, Weltbezug und Lebensperspektiven werden inhaltlich ausgearbeitet und integriert)
- Praxisdimensionen (beschreiben Verantwortungsebenen und Aufgabenbereiche)
- Qualitätsdimensionen (beschreiben Verantwortung des Trägers, Kommunikation, Weiterentwicklung, Qualitätssicherung und -entwicklung sowie die Evaluation)

Merksatz
Die strategische Verantwortung für die Weiterentwicklung des QM, für Qualifizierung und Fortbildung, für Kontrolle und Aufsicht wird im Bundes-Rahmenhandbuch für Evangelische Kindertagesstätten weitgehend vom zuständigen Dachverband wahrgenommen.

Entsprechend den Vorgaben der DIN EN ISO sind alle Aufgaben und Abläufe, die im Zusammenhang mit der Leistungserbringung in evangelischen Tageseinrichtungen für Kinder stehen, zu dokumentieren und zu evaluieren.

6.6 Qualitätsmanagement in Kindertagesstätten der Arbeiterwohlfahrt (AWO-QM)

Im Jahre 2000 wurde durch die Geschäftsführerkonferenz der AWO eine verbandsinterne QM-Strategie verabschiedet, deren Grundlagen dem Leitbild der AWO aus der Arbeiterbewegung entnommen sind, verknüpft mit den Anforderungen an ein modernes Dienstleistungsunternehmen. Das QM-Konzept der AWO stellt insgesamt einen weit reichenden TQM-Ansatz dar, dessen Steuerung auf dem PDCA-Zyklus (Kapitel 5.15) beruht, und der die systematische Planung, Umsetzung, Überprüfung und Verbesserung des fachlichen Handelns garantiert. Der PDCA-Zyklus entspricht der Qualitätsschleife der DIN EN ISO (Kapitel 6.1). Das Ziel der Einführung eines QS-Systems nach DIN EN ISO wird weniger in der Zertifizierung gesehen, sondern vielmehr in einem systematisch gesteuerten Qualitätsentwicklungsprozess. Obwohl eine bestandene Zertifizierung sehr werbewirksam sein kann, wird sie von niemandem als Selbstzweck angesehen.

Die managementorientierten Abschnitte eines von der AWO zur Verfügung gestellten **Muster-Qualitäts-Handbuches** (2003) das sich in Gliederung und Aufbau als unverbindlicher Vorschlag versteht, basiert jedoch auf den Vorgaben der Normenreihe DIN EN ISO und besteht aus drei Teilen:

- Teil 1: Wegweiser
- Teil 2: Führung und Organisation
- Teil 3: Dienstleistung in der Tageseinrichtung für Kinder

Die im Leitbild der AWO definierten Grundwerte bilden die Basis für das Qualitätsmanagementsystem der AWO, welche auf einem humanistischen Menschenbild[1] mit den Grundwerten Solidarität, Toleranz, Freiheit, Gleichheit, Gerechtigkeit basieren.

Die sozialpädagogische Arbeit fußt laut AWO auf einem Bild vom Kind, das Kinder dazu befähigen soll, ihr Leben zu genießen, verantwortlich zu gestalten und mit Unsicherheiten und Veränderungen vernünftig umzugehen.

> ***Merksatz***
> ***Das Qualitätsmanagement-Konzept der AWO setzt bewusst auf Hilfestellung und vermeidet, soweit möglich, Konkretisierungen um Standardisierungen von Dienstleistungserbringungen zu vermeiden. Dies ist eine sehr wichtige Erkenntnis, denn häufig sind Konkretisierungen und insbesondere Standardisierungen aus der Ferne wenig hilfreich – ja oft sogar qualitätsmindernd.***

Die Erarbeitung muss vor Ort in einem gemeinsamen Entwicklungsprozess von qualifizierten Mitarbeitern geleistet werden. Die Hilfestellung erfolgt durch Bereitstellung von „best practice" Materialien und per „AWO-QM-Internet".

---

[1] *Das humanistische Menschenbild geht davon aus, dass jeder Mensch eine eigenständige und wertvolle Persönlichkeit ist, die grundsätzlich nach Persönlichkeitswachstum strebt.*

6.7 Das KTK-Gütesiegel des Caritas Bundesverbandes e.V.

Das KTK-Gütesiegel (2004, KTK steht für **K**atholische **T**ageseinrichtung für **K**inder) ist bewusst am Ende dieses Kapitels zu finden, da im Anschluss am Beispiel KTK das Thema Zertifizierung und Dokumentation des QM aufgearbeitet wird.

Das KTK-Gütesiegel ist das Ergebnis eines mehrjährigen innerverbandlichen Entwicklungsprozesses zur **Qualitätsentwicklung** und **Zertifizierung** katholischer Tageseinrichtungen. Dieses Gütesiegel stellt eine Kombination aus inhaltlichen Anforderungen dar, die sich aus dem Auftrag der katholischen Kirche und den Anforderungen des Qualitätsmanagements nach DIN EN ISO ergeben. Die Vergabe des KTK-Gütesiegels ist an eine Zertifizierung gebunden, ebenso wie auch die Vergabe des MQS-Siegels, welches in Kapitel 8 thematisiert wird.

Grundlegung und Auftrag katholischer Kindertageseinrichtungen[1]

Katholische Kindertageseinrichtungen nehmen einen kirchlichen und einen staatlichen Auftrag wahr. Sie sind gebunden an das Evangelium Jesu Christi und an die rechtlichen Vorgaben des KJHG (SGB VIII). Aufgrund Ihres Selbstverständnisses, den Menschen, besonders den Kindern ein Leben in Fülle zu ermöglichen und die Familien zu unterstützen, sieht es die Katholische Kirche mit ihren Gemeinden und ihren Einrichtungen als theologische, pädagogische und politische Verpflichtung an, die Qualität der Arbeit in den Tageseinrichtungen zu fördern, zu entwickeln und zu sichern. Damit unterstützen sich Kirche und ihre Kindertageseinrichtungen gegenseitig, ihren diakonischen und pastoralen Auftrag zu erfüllen und bei der Evangelisierung mitzuwirken.

Dabei gilt grundsätzlich:

Glaube ist Gnade Gottes und lässt sich nicht messen. Daher kann nur die Qualität der Einladung zum Glauben, die aus dem Glauben erwachsene Haltung und der Umgang mit Menschen anderen Glaubens in katholischen Kindertageseinrichtungen beschrieben werden.

Katholische Kindertageseinrichtungen pflegen und leben gelingende Beziehungen mit Kindern und deren Familien, die sie als Partner eines gelingenden Lebens erkennen. Diese Arbeit ist rückgebunden an Jesus Christus und seinen Auftrag. Beziehungen lassen sich aber schwer messen. Für das Wachsen solcher Beziehungen ist es notwendig, „Räume“ zu schaffen, in denen gelingende Beziehungen gelebt werden können.

Auch die Qualität pädagogischer Arbeit in den Tageseinrichtungen für Kinder lässt sich nur bis zu einem gewissen Grad messen. Die Ergebnisse pädagogischer Prozesse bleiben menschlicher Machbarkeit immer auch ein Stück entzogen.

(Verband Katholischer Tageseinrichtungen für Kinder, 2004)

---

[1] *Die einleitende bzw. übergeordnete Präambel, siehe auch Kapitel 8.5.*

Bei der Zertifizierung werden die einzelnen Praxisindikatoren mit den zugehörigen Nachweismöglichkeiten, welche von der Einrichtung darzulegen sind, von speziell geschulten KTK-Auditoren überprüft (siehe dazu Kapitel 8.5). Die Begutachtung und Prüfung erfolgt auf der Grundlage einer Bewertungsmatrix, die wiederum auf den Phasen eines PDCA-Zyklus aufbaut.

Als Entwicklungsmodell bietet das KTK-Gütesiegel die Grundlage zur Weiterentwicklung der sozialen Dienstleistungen sowie zur Einbindung bewährter Methoden und Prozesse.

Aufgaben

1. *Zeigen Sie kurz wesentliche Merkmale folgender übergeordneter Qualitätsmanagementsysteme auf:*
   - *DIN EN ISO 9000:2000*
   - *European Foundation for Quality Management (EFQM)*
   - *Total-Quality-Management (TQM)*

   Welche Gemeinsamkeiten und Unterschiede existieren zwischen diesen Systemen?

2. *Setzen Sie die folgenden, trägerspezifischen QM-Systeme in Verbindung zu DIN EN ISO, EFQM oder TQM.*
   - *Das PARITÄTISCHE Qualitätssystem PQS Sys®.*
   - *Bundes- Rahmenhandbuch Qualitätsmanagement für Evangelische Kitas*
   - *Qualitätsmanagement in KiTA´s der Arbeiterwohlfahrt (AWO-QM)*
   - *KTK-Gütesiegel des Caritas Bundesverbandes e.V.*

   Wie werden Elemente der drei erstgenannten in den vier trägerspezifischen Systemen umgesetzt?

3. *Besuchen Sie mehrere sehr unterschiedliche Kitas und besorgen Sie sich dabei die jeweiligen Trägerleitbilder (alternativ Internetrecherche). Finden Sie Gemeinsamkeiten und Unterschiede der jeweiligen Leitbilder heraus. Erstellen Sie abschließend in Kleingruppen selbst ein „ideales" Leitbild, welches insbesondere auch das QM berücksichtigt.*

4. *Stellen Sie das RADAR-Prinzip zuerst theoretisch und dann anhand eines praktischen Beispiels dar.*

5. *Nehmen Sie den Orientierungsplan bzw. Bildungsplan für Kindergärten oder Tageseinrichtungen für Kinder Ihres Bundeslandes zur Hand. Mit welchem der dargestellten Qualitätsmanagementsysteme können die Grundlagen des vorliegenden Planes am besten umgesetzt werden? Begründen Sie.*

7 Qualitätsmanagement-Dokumentation

Offenes pädagogisches Arbeiten erfordert eine gewissenhafte Dokumentation insbesondere der qualitätsrelevanten Abläufe und Strukturen. Denn ohne deren verbindliche Regelung würde ein Qualitätsverlust eintreten. Mit wenigen Worten ist hier treffend alles gesagt, nicht nur, dass für wichtige Aspekte eine Dokumentationspflicht besteht, um einen Qualitätsverlust zu vermeiden, sondern auch, dass zuviel Dokumentation (Dokumentationswut) der Qualität nicht immer förderlich und dienlich ist.

Der jeweilige Qualitätsstand und die Qualitätsentwicklung der Arbeit werden schriftlich dokumentiert und regelmäßig aktualisiert. Dies gilt für die ganze Einrichtung. Entsprechende Vereinbarungen und sonstige Nachweise stehen den Beteiligten und den Verantwortlichen der Einrichtung stets zur Verfügung und werden regelmäßig zur Überprüfung und Weiterentwicklung der Konzeption und der Angebotsstrukturen genutzt.
(Ministerium für Kultus, Jugend und Sport Baden-Württemberg, 2007)

Die Dokumentation erfolgt in einem Qualitätshandbuch dessen Gliederung, abhängig von der Größe der Einrichtung und der Anzahl zu regelnder Prozesse ist und die jede Einrichtung selbst festgelegen kann. Das Qualitätshandbuch dient als:

- genereller Überblick über das Qualitätsmanagementsystem.
- Arbeitsgrundlage für die Umsetzung der pädagogischen Konzeption und ist sozusagen ein täglicher Arbeitsplan.
- Nachschlagewerk für Teammitglieder, insbesondere für neue Mitarbeiter.
- Führungsinstrument und gleichzeitig als eine legitimierte Basis für die Leitung. Die Führung kann also nicht nach Gutdünken handeln, sondern muss sich an die vereinbarten Spielregeln und Standards halten.
- Basis für Qualitätsprüfungen, Audits und Zertifizierungen. Bei Qualitätsprüfungen, Audits und Zertifizierungen wird stets geprüft, inwieweit die Praxis mit der Dokumentation übereinstimmt.

Als geeignetes Grundraster für das Qualitätshandbuch bewährte sich folgende Unterteilung:

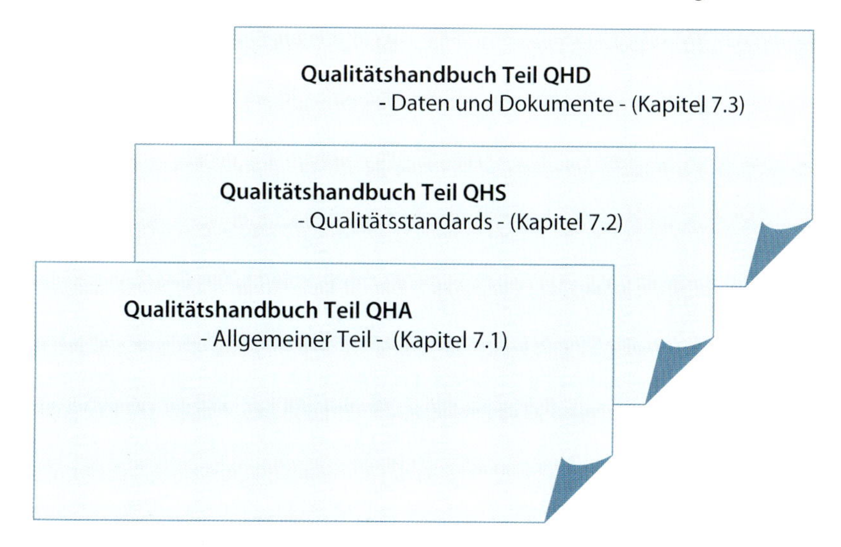

Zu 7.1: Der allgemeine Teil QHA des Qualitätshandbuches enthält die wichtigsten allgemeingültigen Aussagen, die grundlegend für das Gesamtverständnis und für die Funktionsweise der Einrichtung sind.

Zu 7.2: Im Teil QHS befinden sich die Beschreibungen der Qualitätsstandards.

Zu 7.3: Der Teil QHD des Qualitätshandbuches enthält die jeweils aktuelle Fassung aller angewandten Dokumentenvorlagen sowohl als leere Formblätter als auch als ausgeführte Datensammlung. Die Gliederung erfolgt entsprechend dem in Kapitel 10 des QHA vorgegebenen Dokumentationssystems.

Merksatz

Allgemein existieren Zweifel daran, ob vorgefertige „Musterhandbücher" sinnvoll sind. Die Gefahr ist, dass sie unreflektiert übernommen werden ohne auf die eigene Einrichtung zugeschnitten zu sein. Leider werden in der Praxis tatsächlich häufig Qualitätshandbücher kopiert und abgeschrieben, dies ist jedoch keineswegs sinnvoll für die individuelle, qualitativ hochwertige Arbeit in Einrichtungen mit unterschiedlichen Konzeptionen.

Dennoch sollen hier jeweils mustergültige Beispiele zu Aufbau, Struktur, Inhalt und Formulierung zu allen drei Teilen des Qualitätshandbuches dargestellt werden.

7.1 Qualitätshandbuch: Allgemeiner Teil (QHA)

In der Praxis hat sich für die Registrierung, Ablage und das Wiederauffinden der Einzeldokumente die Benutzung einer einfachen Nomenklatur als hilfreich erwiesen.

Beispiel: **QHA 6** steht für **Q**ualitäts**H**andbuch **A**llgemeiner Teil, Kapitel **6**: Pädagogische Ziele.

Die folgenden Ausschnitte der Qualitätshandbücher wurden in Anlehnung an Peter Eraths „Von der Konzeption zum Qualitätshandbuch" erstellt.

Aus dem allgemeinen Teil des Handbuches werden einige wenige Beispiele aufgezeigt, damit Struktur, Inhalt und Darstellung dieser Dokumente exemplarisch erläutert werden.

QHA 1

Trägerleitbild: Jede Einrichtung wird von einem Träger finanziert, der mit der Trägerschaft bestimmte ideelle Ziele (z. B. christliche Werte) verbindet. Diese Zielausrichtung ist die Basis für die Arbeit und steht deshalb im Qualitätshandbuch an vorderster Stelle (siehe auch Kapitel 6.3.1)

QHA	Qualitätshandbuch Teil QHA

Allgemeiner Teil

Beispiel

QHA	1	Trägerleitbild
QHA	2	Selbstverständnis
QHA	3	Qualitätspolitik
QHA	4	Betreuungsangebot
QHA	5	Pädagogisches Profil
QHA	6	Pädagogische Ziele
QHA	7	Leistungen
QHA	8	Kernprozesse
QHA	9	Evaluationsverfahren
QHA	10	Dokumentationssystem
QHA	11	Organisation
QHA	12	Personalentwicklung
QHA	13	Ressourcenmanagement

Freigegeben am:	Unterschrift:	Nächste Überprüfung:

Beispiel für ein Trägerleitbild:

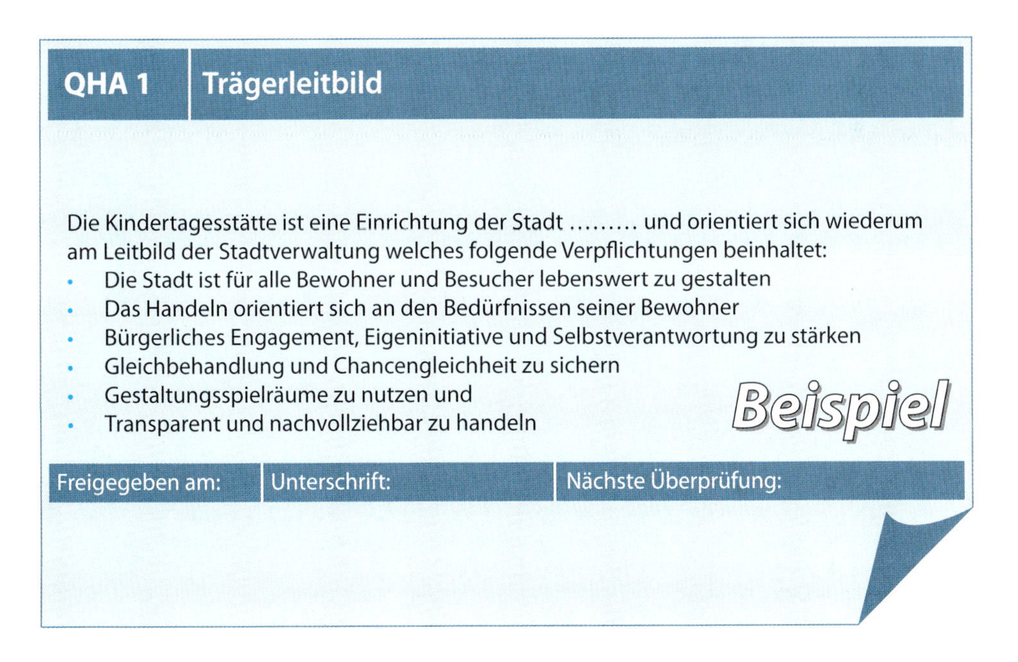

QHA 1	Trägerleitbild

Die Kindertagesstätte ist eine Einrichtung der Stadt .... und orientiert sich wiederum am Leitbild der Stadtverwaltung welches folgende Verpflichtungen beinhaltet:

- Die Stadt ist für alle Bewohner und Besucher lebenswert zu gestalten
- Das Handeln orientiert sich an den Bedürfnissen seiner Bewohner
- Bürgerliches Engagement, Eigeninitiative und Selbstverantwortung zu stärken
- Gleichbehandlung und Chancengleichheit zu sichern
- Gestaltungsspielräume zu nutzen und
- Transparent und nachvollziehbar zu handeln

Beispiel

Freigegeben am:	Unterschrift:	Nächste Überprüfung:

Merksatz
Das Trägerleitbild ist eine Präambel, die in wenigen Sätzen die wichtigsten Ziele darstellt. Hier sind es die Begriffe lebenswert, Bedürfnisse, Selbstverantwortung, Chancengleichheit, Gestaltung und Transparenz. Diese herausragenden Begriffe bilden in dem vorliegenden Fallbeispiel also die Grundlage für alles Folgende.

QHA 2

Das **Selbstverständnis** umschreibt die wichtigsten gemeinsamen Werte des Teams und bringt die grundlegenden Einstellungen der Mitarbeiter in der täglichen Arbeit zum Ausdruck. In dieser Stufe werden nun also die gemeinsamen Werte des Teams angesprochen. Zum einen als Hauptleistungsträger und zum anderen als Bindeglied zwischen Träger und Kunde (z. B. zwischen Erzieher und Kind).

QHA 2	Selbstverständnis

Wir, die Mitarbeiter der Kindertagesstätte, verstehen uns als moderne, sich ständig weiterbildende Fachkräfte für Erziehung, die den Kindern ein optimales Bildungs-, Erziehungs- und Betreuungsangebot bieten und die bereit sind, Eltern und Kinder optimal zu unterstützen und zu fördern.

Aufgeschlossenheit für die Wünsche und die Orientierung am Bedarf der Eltern und Kinder sind für uns selbstverständlich. Anregungen werden von uns jederzeit aufgenommen. Der persönliche Kontakt zu den Eltern wird gesucht und gepflegt.

Unsere Arbeit zeichnet sich insbesondere durch Transparenz, also einer nachvollziehbaren Teamarbeit, die offen arbeitet und Einblicke in ihr Tun gewährt, aus. Unser Team ist offen und kompetent. Es arbeitet solidarisch und engagiert mit den Eltern bei der Erziehung der Kinder zusammen.

Freigegeben am:	Unterschrift:	Nächste Überprüfung:

Merksatz
Das Selbstverständnis beschreibt die Grundausrichtung der Einrichtung. Welches sind die wichtigsten, gemeinsamen Werte der Einrichtung wie z. B. die Achtung und Bewahrung der Natur oder die Chancengleichheit behinderter Kinder bis hin zu der Frage wie offen sind wir für neue, innovative Ideen?

QHA 3

Qualitätspolitik:
In der Beschreibung der Qualitätspolitik verpflichtet sich die Einrichtung zur ständigen Anwendung und Weiterentwicklung der erarbeiteten und realisierten Qualitätsarbeit und den organisatorischen Rahmenbedingungen. Dies sind beispielsweise Verantwortung, Befugnisse, Finanzmittelbereitstellung und regelmäßige Überprüfung des Qualitätsmanagementsystems durch den Qualitäts-Beauftragten der Einrichtung.

QHA 3 | Qualitätspolitik

Träger und Team der Einrichtung verpflichten sich zur ständigen Überprüfung und Weiterentwicklung des Gesamtangebots und dessen kontinuierlicher Anpassung an den vorhandenen Bedarf mit dem Ziel, angemessen und zeitnah auf veränderte Anforderungen zu reagieren.

Das Qualitätsmanagementsystem orientiert sich an den Anforderungen der internationalen Norm für Qualitätsmanagementsysteme DIN EN ISO.

Der Träger legt die Qualitätspolitik und die übergreifenden Ziele der Einrichtung fest, der Leitung obliegt die Letztverantwortung für Umsetzung, Aufrechterhaltung, Überprüfung und Weiterentwicklung des Qualitätsmanagementsystems und für das Erreichen der Qualitätsziele der Einrichtung.

Zur Aufrechterhaltung des ständigen Verbesserungsprozesses werden zwischen Träger und Leitung jährliche Qualitätsziele vereinbart. Diese Ziele sind messbar, stehen mit der Qualitätspolitik und den konzeptionellen Zielen in Einklang und berücksichtigen fachliche Anforderungen. Für das Erreichen der Qualitätsziele ist die Leitung verantwortlich. Der Träger stellt angemessene Mittel dafür zur Verfügung.

Alle Mitarbeiter sind aktiv am ständigen Verbesserungsprozess beteiligt und tragen Verantwortung für die Umsetzung der jeweiligen Ziele in ihrem Arbeitsbereich.

Freigegeben am :	Unterschrift :	Nächste Überprüfung :

Merksatz
Die Qualitätspolitik ist für den Qualitätsmanager das eigentliche „Credo". Sie hat den kurz-, mittel- und langfristigen Erfolg der Qualitätsarbeit, also die Wirksamkeit und Nachhaltigkeit des Qualitätssystems, zum Inhalt.

QHA 4

Das **Betreuungsangebot** bietet eine Übersicht über Art der Betreuung, die Anzahl der Gruppen, Gruppengröße, Öffnungszeiten und anderes.

In der QHA 4 ist das Betreuungsangebot beispielhaft zusammengefasst. Es erhebt keinen Anspruch auf Vollständigkeit, es soll lediglich zeigen welche Aussagen hier wichtig sein können.

QHA 4 | Betreuungsangebot

Beispiel

Wir unterstützen die Vereinbarkeit von Familie und Beruf durch

- breite Öffnungszeiten täglich von .... bis ....Uhr
- flexible Hol- und Bringzeiten
- flexible Ferienregelung mit 25 Schließtagen pro Jahr
- gestaffelte Betreuungszeiten und die darauf abgestimmte Entgeltregelung die die Ausrichtung an den individuellen Bedarf ermöglichen
- ...

	Öffnungszeiten	Plätze
Kinderkrippe 1 bis 3 Jahre	7 – 17 Uhr	12
Tagesstätte 3 bis 6 Jahre	7 – 17 Uhr	25
usw.		

Mitarbeiter	Gruppen	Raumangebot	Freispielfläche	Mahlzeiten

Freigegeben am :	Unterschrift :	Nächste Überprüfung :

QHA 5

Pädagogisches Profil

Das pädagogische Profil kann auch ergänzend zum Betreuungsangebot an der dafür vorgesehenen Stelle aufgenommen werden. Besteht für die Einrichtung ein besonderes Profil (Frühförderung, kulturelle Vielfalt, Inklusive Pädagogik etc.) sollte dieses hier beschrieben werden.

QHA 6

Pädagogische Ziele
Unter dieser Überschrift werden die ausgearbeiteten pädagogischen Ziele, die im Rahmen der Qualitätsentwicklung erarbeitetet wurden, mit jeweils kurzen Erläuterungen dargestellt. Die Kernaussagen wie zum Beispiel Geborgenheit, Persönlichkeitsentwicklung, Sozialkompetenz etc. sind jeweils als Überschrift vorangestellt.

QHA 6	Pädagogische Ziele

Geborgenheit:
Wir bemühen uns um eine offene und lebendige Atmosphäre in der sich die Kinder wohl fühlen können. Die Bedürfnisse der Kinder nach Bewegung und Ruhe, Freiraum und Geborgenheit, Kreativität und Zusammengehörigkeit werden bereits in der Tagesplanung berücksichtigt.

Persönlichkeitsentwicklung:
Damit sich die Kinder als eigenständige Persönlichkeiten entwickeln können bemühen wir uns besonders um die Entwicklung von Selbstbewusstsein und Selbstwertgefühl und schaffen genügend Freiräume für selbständiges Handeln.

Sozialkompetenz:
Einfühlungsvermögen, Konfliktfähigkeit oder Kompromissbereitschaft werden durch täglich neue Erfahrungen gefördert. In unserer Einrichtung achten wir darauf, dass Kinder vielfältige Erfahrungen wie Toleranz, Gerechtigkeit, Freundschaft und Offenheit erleben und befähigt werden, Konflikte selbst zu lösen.

Kreative und kognitive Fähigkeiten:
entwickeln Kinder durch ganzheitliche Förderung und kindgerechte Lernerfahrungen. Das selbstbildende Freispiel als kindgemäßeste Form des Lernens genießt in unserer Einrichtung den höchsten Stellenwert. Wir benutzen dazu nur erprobte, sichere Materialien und Einrichtungsgegenstände.

Achtung vor der Schöpfung:
In unserer Einrichtung vermitteln wir Grundwerte wie die Bewahrung der Schöpfung, Achtung gegenüber allen Mitmenschen, der Umwelt und der eigenen Gesundheit.

Wir unterstützen die Eltern in der Verantwortung für die Erziehung ihrer Kinder:
Die Erziehung von Kindern stellt Eltern heute vor große Aufgaben. Kinder brauchen persönliches Engagement, Zeit und Geld. Durch unser umfassendes Bildungs-, Erziehungs- und Betreuungsangebot ergänzen wir ...

Freigegeben am :	Unterschrift :	Nächste Überprüfung :

Die unter QHA 1 „Trägerleitbild“ bis QHA 6 „Pädagogische Ziele“ beispielhaft dargestellten allgemeinen Themen verdeutlichten exemplarisch die Ausgestaltung des Qualitätshandbuches Teil A.

Quantitative Leistunsvorgaben sind durch Qualitätsprämien, Belobigunggen oder Qualitätspreise zu ersetzen.

Deming (Regel 11)

7.2 Qualitätshandbuch: Qualitätsstandards (QHS)

QHS	Qualitätshandbuch Teil QHS

Beispiel

Qualitätsstandards

QHS 1	Pädagogische Qualitätsstandards
QHS 2	Strukturelle Qualitätsstandards
QHS 3	Qualitätsstandards für Elternarbeit
QHS 4	Evaluationsverfahren
QHS 5	Dokumentationssystem

Freigegeben am :	Unterschrift :	Nächste Überprüfung :

Der Mittelteil – manchmal auch als Teil II des Qualitätshandbuches benannt – beinhaltet die Auflistung und Beschreibung der erarbeiteten und zur Anwendung kommenden Qualitätsstandards. Um die Bezeichnung beizubehalten, wird dieser Teil QHS benannt, wobei „S“ hier für Standard steht.

Dieser Teil des Qualitätshandbuches beinhaltet die pädagogischen und strukturellen Qualitätsstandards sowie die Evaluationsverfahren und die Beschreibung des Dokumentationssystems. Die Standards wurden vom Team erarbeitet und verschriftlicht. Mit der Unterschrift des Leiters sowie aller Beteiligter werden sie verbindlich. Die Standards können jederzeit geändert, erweitert oder vereinfacht werden. Wichtig ist, dass tatsächlich nach ihnen gelebt und gearbeitet wird und alle Beteiligten von beabsichtigten Änderungen umgehend informiert werden.

Merksatz
Eine der wichtigsten Botschaften im Zusammenhang mit der Erstellung von Qualitätsstandards lautet: Lieber weniger und dafür das tatsächlich Wichtige in der täglichen Praxis dokumentieren. Das niedergeschriebene dann aber auch tatsächlich zu einem hohen Prozentsatz (am besten natürlich zu 100 %) realisieren. Die Praxis zeigt immer wieder, dass Qualitätsstandards stetig wachsen und nicht selten mit längst überholten Problemen aus der Vergangenheit überlastet sind. Solche Qualitätsstandards lesen sich wie Qualitätsproblemkataloge in denen alle Probleme aus der Vergangenheit gesammelt wurden. Diese Vorgehensweise führt meist zu einer sich einschleichenden Nichtbeachtung.

QHS	Qualitätsstandards	

Beispiel

QHS	**1**	**Pädagogische Qualitätsstandards**
QHS	1.1	Pädagogischer Umgang mit Kindern
QHS	1.2	Gestaltung des Gruppenlebens
QHS	1.3	Selbstbildendes Freispiel
QHS	1.4	Kleingruppenarbeit
QHS	1.5	Projektarbeit
QHS	1.6	Gruppenübergreifende Arbeit
QHS	1.7	Feste und Feiern
QHS	1.8	Raumgestaltung
QHS	1.9	Religiöse Erziehung
QHS	1.10	Schulvorbereitung
QHS	1.11	Schulische Begleitung
QHS	1.12	Freizeitgestaltung und Ferienbetreuung
QHS	1.13	Integration
QHS	1.14	Spezielle Förderung
QHS	1.15	Kinderkonferenz
QHS	1.16	NN

Freigegeben am :	Unterschrift :	Nächste Überprüfung :

Die Liste der pädagogischen Qualitätsstandards kann wiederum sinngemäß erweitert oder gekürzt werden. Bei genauerem bearbeiten des Dokuments zeigt sich jedoch, dass die Themen vollständig und auch gut ausgewählt sind.

QHS	Qualitätsstandards	

Beispiel

QHS	**2**	**Strukturelle Qualitätsstandards**
QHS	2.1	Organisation
QHS	2.2	Gesamtteam
QHS	2.3	Team
QHS	2.4	Gruppenteam
QHS	2.5	Planungsteam
QHS	2.6	Leitung
QHS	2.7	Stellvertretende Leitung
QHS	2.8	Gruppenleitung
QHS	2.9	Pädagogische Fachkraft
QHS	2.10	Dokumentationssystem
QHS	2.11	Fortbildung und Schulung
QHS	2.12	Hygiene und Sicherheit
QHS	2.13	Budgetführung
QHS	2.14	Fallbesprechungen
QHS	2.15	Aufnahmeverfahren
QHS	2.16	Mitarbeitergespräch
QHS	2.17	Mitarbeiterauswahl
QHS	2.18	Und anders
QHS	**3**	**Qualitätsstandards für Elternarbeit**
QHS	3.1	Umgang mit Eltern
QHS	3.2	Tür- und Angelgespräch
QHS	3.3	Anmeldegespräch
QHS	3.4	Entwicklungsgespräch
QHS	3.5	Abschlussgespräch
QHS	3.6	Elternabend
QHS	3.7	Umgang mit Beschwerden
QHS	3.8	Hol- und Bringsituation
QHS	3.9	Und anders
QHS	**4**	**Evaluationsverfahren**
QHS	4.1	Evaluationssystem
QHS	4.2	Selbstbewertung
QHS	4.3	Teamreflexion
QHS	4.4	Kollegiale Beobachtung
QHS	4.5	Expertenbeobachtung
QHS	4.6	Internes Audit
QHS	4.7	Externes Audit
QHS	4.8	Und anders

QHS	Qualitätsstandards

Beispiel

QHS	**5**	**Dokumentationssystem**
QHS	5.1	Formulare der Kinderakte
QHS	5.2	Formulare der Gruppenakte
QHS	5.3	Formulare der Teamakte
QHS	5.4	Formulare der Personalakte
QHS	5.5	Formulare der Finanzakte
QHS	5.6	Und anders

Freigegeben am:	Unterschrift:	Nächste Überprüfung:

Die dargestellten Qualitätsstandards erheben keinen Anspruch auf Vollständigkeit sondern sollen exemplarische Themen aufzeigen. Ebenso sei angemerkt, dass nicht jede Einrichtung alle aufgeführten Standards benötigt.

QHS 2.17	Mitarbeiterauswahl

Begriffsbestimmung

Die Mitarbeiterauswahl beschreibt das Verfahren der bewussten und fairen Auswahl neuer Mitarbeiter. Es dient der Sicherung einer hohen Fachlichkeit der Arbeit und einer optimalen Teamkultur.

Ziele

Eine bewusst gestaltete und sorgfältig durchgeführte Auswahl der Mitarbeiter

- erlaubt eine hohe Kontinuität der pädagogischen Arbeit.
- sichert die Kontinuität der Arbeit und eine hohe Gesamtqualität der Einrichtung und
- fördert ein gutes Betriebsklima.

Vorbereitung und Durchführung → siehe Anmerkung 1

Die Auswahl der Mitarbeiter erfolgt in folgenden Schritten:

- Klärung des Anforderungsprofils der zu besetzenden Stelle
- detaillierte Stellenbeschreibung
- Durchsicht der Bewerbungsunterlagen durch die Leitung und ein Teammitglied
- Einladung der ausgewählten Bewerber zu Vorstellungsgespräch und Probearbeit
- Vorstellung der verschiedenen Bewerber im Team
- Begründung der ausgewählten Bewerber zur Vorlage beim Träger
- Entscheidung durch den Träger

angefangen

Pädagogische Werthaltung
Die Leitung
- wählt die ins engere Verfahren kommenden Bewerber gezielt aus,
- verhält sich gegenüber den Bewerbern offen und fair und unterstützt sie sowohl im Bewerbungsgespräch als auch bei der Probearbeit,
- diskutiert über die Qualität der verschiedenen Bewerber frei von persönlichen Beziehungen.

Mitgeltende Unterlagen: → siehe Anmerkung 2

QHS	2.6	Leitung
QHS	2.7	Stellvertretende Leitung
QHS	2.8	Gruppenleitung
QHS	2.9	Pädagogische Fachkraft

Anmerkung 1: Der hier beschriebene Prozess der Mitarbeiterauswahl basiert auf einer transparenten und logischen Abfolge. Die Vorgehensweise ist, wenn sie in der Praxis auch genau so abläuft, geeignet eine gute Mitarbeiterauswahl zu treffen.

Anmerkung 2: Mustergültig ist auch die Benennung der mitgeltenden Unterlagen, also derjenigen Dokumente, die zusätzlich zu berücksichtigen sind.

7.3 Qualitätshandbuch: Daten und Dokumente (QHD)

Abschließend sei noch, um Vollständigkeit zu gewährleisten, der letzte Teil des Qualitätshandbuches vorgestellt, indem rechtliche Vorgaben (z. B. das Kinder- und Jugendhilfegesetz), kommunale Regelungen, Situationsanalysen (z. B. Statistiken zur Bevölkerungsentwicklung), Kindertagesstättenpläne oder Sozialdaten (Stadtteilanalysen, Elterndaten, Netzwerkpartner) zu finden sind.

QHD	Qualitätshandbuch Teil QHD

Daten und Dokumente

Beispiel

QHD	1	Rechtliche Vorgaben
QHD	2	Situationsanalysen
QHD	3	Sozialdaten
QHD	4	Und anders

Freigegeben am:	Unterschrift:	Nächste Überprüfung:

Aufgaben

1. *Welche Funktionen erfüllt ein QM-Handbuch?*
   Stellen Sie das Grundraster eines QM-Handbuches dar, begründen Sie diese Einteilung.
2. *Erstellen Sie exemplarische Formblätter für QHA 7 bis QHA 13.*
3. *Der letztgenannte Qualitätsstandard ist immer mit „und anders" tituliert. Ersetzen Sie „und anders" durch jeweils zwei bis drei weitere Aspekte.*
4. *Teil drei des Qualitätshandbuches „Daten und Dokumente" beinhaltet unter anderem persönliche Angaben und Sozialdaten der Kinder. Weshalb ist besonders hier ein verantwortungsvoller Umgang mit den Unterlagen notwendig? Ziehen Sie zur Antwortfindung bitte auch nachfolgenden Gesetzestext mit ein.*

SGB VIII § 65 Besonderer Vertrauensschutz in der persönlichen und erzieherischen Hilfe

(1) Sozialdaten, die dem Mitarbeiter eines Trägers der öffentlichen Jugendhilfe zum Zweck persönlicher und erzieherischer Hilfe anvertraut worden sind, dürfen von diesem nur weitergegeben werden

1. mit der Einwilligung dessen, der die Daten anvertraut hat, oder
2. dem Vormundschafts- oder dem Familiengericht zur Erfüllung der Aufgaben,..., wenn angesichts einer Gefährdung des Wohls eines Kindes oder eines Jugendlichen ohne diese Mitteilung eine für die Gewährung von Leistungen notwendige gerichtliche Entscheidung nicht ermöglicht werden könnte, oder
3. dem Mitarbeiter, der aufgrund eines Wechsels der Fallzuständigkeit im Jugendamt oder eines Wechsels der örtlichen Zuständigkeit für die Gewährung oder Erbringung der Leistung verantwortlich ist, wenn Anhaltspunkte für eine Gefährdung des Kindeswohls gegeben sind und die Daten für eine Abschätzung des Gefährdungsrisikos notwendig sind, oder
4. an die Fachkräfte, die zum Zwecke der Abschätzung des Gefährdungsrisikos,..., hinzugezogen werden;..., oder
5. unter den Voraussetzungen, unter denen eine,..., genannte Personen dazu befugt wäre.

Gibt der Mitarbeiter anvertraute Sozialdaten weiter, so dürfen sie vom Empfänger nur zu dem Zweck weitergegeben werden, zu dem er diese befugt erhalten hat.

Sozialgesetzbuch (SGB) VIII (Kinder- & Jugendhilfegesetz)

8 Zertifizierung

QHS	Qualitätsstandards

Beispiel

QHS	**5**	**Dokumentationssystem**
QHS	5.1	Formulare der Kinderakte
QHS	5.2	Formulare der Gruppenakte
QHS	5.3	Formulare der Teamakte
QHS	5.4	Formulare der Personalakte
QHS	5.5	Formulare der Finanzakte
QHS	5.6	Und anders

Freigegeben am:	Unterschrift:	Nächste Überprüfung:

Die dargestellten Qualitätsstandards erheben keinen Anspruch auf Vollständigkeit sondern sollen exemplarische Themen aufzeigen. Ebenso sei angemerkt, dass nicht jede Einrichtung alle aufgeführten Standards benötigt.

QHS 2.17	Mitarbeiterauswahl

Begriffsbestimmung
Die Mitarbeiterauswahl beschreibt das Verfahren der bewussten und fairen Auswahl neuer Mitarbeiter. Es dient der Sicherung einer hohen Fachlichkeit der Arbeit und einer optimalen Teamkultur.

Ziele
Eine bewusst gestaltete und sorgfältig durchgeführte Auswahl der Mitarbeiter

- erlaubt eine hohe Kontinuität der pädagogischen Arbeit.
- sichert die Kontinuität der Arbeit und eine hohe Gesamtqualität der Einrichtung und
- fördert ein gutes Betriebsklima.

Vorbereitung und Durchführung → siehe Anmerkung 1
Die Auswahl der Mitarbeiter erfolgt in folgenden Schritten:

- Klärung des Anforderungsprofils der zu besetzenden Stelle
- detaillierte Stellenbeschreibung
- Durchsicht der Bewerbungsunterlagen durch die Leitung und ein Teammitglied
- Einladung der ausgewählten Bewerber zu Vorstellungsgespräch und Probearbeit
- Vorstellung der verschiedenen Bewerber im Team
- Begründung der ausgewählten Bewerber zur Vorlage beim Träger
- Entscheidung durch den Träger

angefangen

Pädagogische Werthaltung

Die Leitung

- wählt die ins engere Verfahren kommenden Bewerber gezielt aus,
- verhält sich gegenüber den Bewerbern offen und fair und unterstützt sie sowohl im Bewerbungsgespräch als auch bei der Probearbeit,
- diskutiert über die Qualität der verschiedenen Bewerber frei von persönlichen Beziehungen.

Mitgeltende Unterlagen: → siehe Anmerkung 2

QHS	2.6	Leitung
QHS	2.7	Stellvertretende Leitung
QHS	2.8	Gruppenleitung
QHS	2.9	Pädagogische Fachkraft

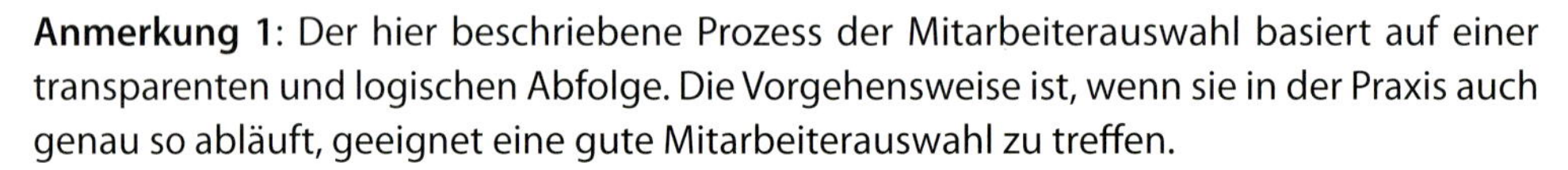

Anmerkung 1: Der hier beschriebene Prozess der Mitarbeiterauswahl basiert auf einer transparenten und logischen Abfolge. Die Vorgehensweise ist, wenn sie in der Praxis auch genau so abläuft, geeignet eine gute Mitarbeiterauswahl zu treffen.

Anmerkung 2: Mustergültig ist auch die Benennung der mitgeltenden Unterlagen, also derjenigen Dokumente, die zusätzlich zu berücksichtigen sind.

7.3 Qualitätshandbuch: Daten und Dokumente (QHD)

Abschließend sei noch, um Vollständigkeit zu gewährleisten, der letzte Teil des Qualitätshandbuches vorgestellt, indem rechtliche Vorgaben (z. B. das Kinder- und Jugendhilfegesetz), kommunale Regelungen, Situationsanalysen (z. B. Statistiken zur Bevölkerungsentwicklung), Kindertagesstättenpläne oder Sozialdaten (Stadtteilanalysen, Elterndaten, Netzwerkpartner) zu finden sind.

QHD	**Qualitätshandbuch Teil QHD**

Daten und Dokumente

Beispiel

QHD	1	Rechtliche Vorgaben
QHD	2	Situationsanalysen
QHD	3	Sozialdaten
QHD	4	Und anders

Freigegeben am:	Unterschrift:	Nächste Überprüfung:

5.20 Methode: Audit (Qualitätsaudit)

Die Norm DIN EN ISO 8402 definiert das Qualitätsaudit als eine „systematische und unabhängige Untersuchung um festzustellen, ob die qualitätsbezogenen Tätigkeiten und damit zusammenhängende Ereignisse den geplanten Anordnungen entsprechen, und ob diese Anordnungen tatsächlich verwirklicht und geeignet sind, die Ziele zu erreichen".

Ein Hauptgrund für die Durchführung von Qualitätsaudits ist festzustellen, ob das Qualitätsmanagementsystem zum einen geeignet und vollständig ist und zum anderen, ob es tatsächlich wie beschrieben verwirklicht ist. Sollte dies nicht der Fall sein, so sind Verbesserungen oder Korrekturmaßnahmen anzustreben.

Das Ergebnis eines Qualitätsaudits hat den Charakter einer Stichprobe und ist deshalb statistisch nicht signifikant. Nur durch kontinuierliche Auditierungen gemäß eines Auditplanes ist ein Verhalten über einen längeren Zeitraum erkennbar.

Ablauf eines Qualitätsaudits

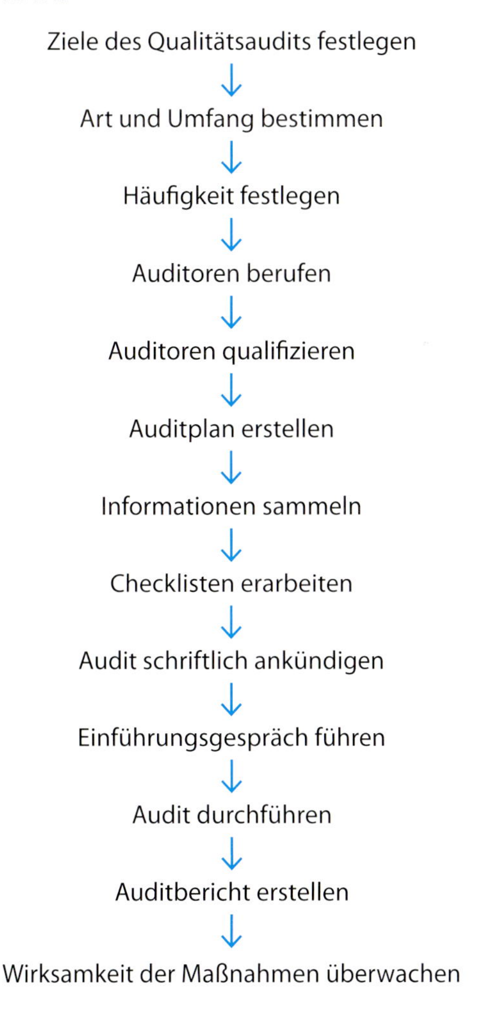

Merksatz
Auf jede einzelne Beschwerde muss aktiv reagiert werden, sonst fühlt sich der Beschwerdeführer nicht ernst genommen. Dabei ist es unerheblich ob die Beschwerde als berechtigt angesehen wird oder nicht.

Der Umgang mit Beschwerden erfordert zunächst einige grundlegende Korrekturen im allgemeinen Denkverhalten:

- Eltern/Kunden, die Beschwerden vortragen, sind keine Gegner die in Schach zu halten sind.
- Beschwerden sind kostenlose Informationen, die unter Umständen wichtige Hinweise zu Verbesserungen liefern.
- Vor der mühsamen und aufwändigen Suche nach potenziellen Fehlern hat die Beseitigung von bereits aufgetretenen Mängeln absolute Priorität.

Bei der Implementierung eines Beschwerdemanagements sind folgende Aspekte zu berücksichtigen:

- Bereits vorhandene Abläufe zur Behandlung von Beschwerden überprüfen und gegebenenfalls verbessern
- Abgabemöglichkeit für Beschwerden verbessern wie z. B. Kummerkasten einrichten
- Häufig werden unkompetente Mitarbeiter mit der Bearbeitung von Beschwerden beauftragt **und das ist falsch.** Mit der Beschwerdebearbeitung sollten immer die besten Mitarbeiter beauftragt werden.
- Auf jede Beschwerde muss eine unmittelbare Reaktion erfolgen, z. B. auch per E-Mail oder Telefon.
- Beschwerdeanalysen erfolgen in einem extra dafür eingerichteten Team.
- Alle Mitarbeiter, die ebenfalls betroffen sein könnten, sind über den jeweiligen Stand der Bearbeitung zu informieren.
- Lösungen werden mithilfe der zuvor beschriebenen Methoden erarbeitet.
- Das Beschwerdemanagement wird nicht nur für die Beseitigung externer Beschwerden genutzt. Jeder einzelne Mitarbeiter arbeitet mit bzw. in den installierten Prozessen und ist deshalb interner Kunde seiner Mitarbeiter.
- So tragen alle Mitarbeiter durch die Systematisierung des Beschwerdemanagements zur Verbesserung und Optimierung der Abläufe bei.

Merksatz
Für jede Einrichtung ist es ratsam, ein Beschwerdemanagement einzurichten.
- ***Grundlegend ist dabei die Überwindung des Negativimages von Beschwerden.***
- ***Durch Beschwerden werden oft die effektivsten Verbesserungen eingeleitet und sind deshalb als Chance und nicht als Unannehmlichkeit zu sehen.***

Kann ein Qualitäts-Entwicklungs-Prozess mit einem Zertifikat abgeschlossen werden ist dies immer ein zusätzlicher Anreiz bzw. danach eine besondere Bestätigung. Zumindest aus psychologischer Sicht ist eine verschriftlichte Belohnung ein positiver Ansporn für die erbrachte und geleistete Arbeit zur Sicherung der Nachhaltigkeit.

Einrichtungen, die über ein (funktionierendes und aktives) Qualitätsmanagement verfügen, sind grundsätzlich zertifizierbar. Es besteht die Möglichkeit, ein international anerkanntes, branchenunabhängiges oder auch themenspezifisches Prüfsiegel zu erhalten.

Vor- und Nachteile einer Zertifizierung sind:

Vorteile (1)	Nachteile (1)
Vertrauensbasis entsteht	Zertifizierungskosten (2)
Wettbewerbsvorteile	Einengende Verfahrenskonformität
Unabhängiges Urteil	Täuscht Sicherheit vor (3)

Zu 1.: Dies sind Vor-/Nachteile, die in unterschiedlicher Literatur oft genannt werden, aber nicht unbedingt zutreffend sind.

Zu 2.: Am Beispiel der Matrixzertifizierung wird anschließend aufgezeigt, wie es gelingt, Zertifizierungskosten erheblich zu reduzieren.

Zu 3.: Sind Absichten und die Spielregeln von Zertifizierungen bekannt, so kann eine nicht vorhandene Sicherheit kaum oder nur sehr schwer vorgetäuscht werden.

Eine Zertifizierung ist eine externe Begutachtung, durch die bestätigt wird, dass

- eine Qualitätsphilosophie und -strategie vorliegt, in der verbindliche Ziele und Verantwortlichkeiten festgelegt sind.
- die Einrichtung über eine Konzeption verfügt, die den internationalen Maßstäben der DIN EN ISO 9001 entspricht.
- diese Konzeption in der Praxis konsequent umgesetzt wird. Wesentlicher Inhalt einer Zertifizierung ist es zu prüfen, ob das Aufgeschriebene auch mit der gelebten Praxis übereinstimmt.
- die Einrichtung eine kontinuierliche und systematische Weiterentwicklung ihrer Konzeption und der damit verbundenen Praxis realisiert.
- der Grad der Zielerreichung durch die Mitarbeiter der Einrichtung geprüft wird.
- ein Reklamationsverfahren für Kinder und Eltern angewendet wird.

Das Zertifizierungsverfahren wird von einem unabhängigen Auditor durchgeführt, der auf Anfrage in die Einrichtung kommt. Dieser Auditor bestätigt im Kontext der oben beschriebenen Aspekte, dass die Einrichtung in der Lage ist, ihre formulierten Qualitätsziele zu erreichen und alle Instrumente der DIN EN ISO 9001 anwendet, die zur ständigen Verbesserung der Arbeit beitragen. Werden beim Zertifizierungsaudit Mängel festgestellt, so sind diese in der Regel innerhalb einer festgelegten Frist durch eine Korrekturmaßnahme, die von der Einrichtung festgelegt ist, wirksam und nachhaltig zu beheben.

In der Regel findet ein Auditor immer einige „Ist-Abweichungen vom dokumentierten „Sollzustand". Entscheidend für die Vergabe des Zertifikates ist jedoch, ob diese Abweichungen vom Auditor als geringfügig (minor) oder als größere Abweichung (major) eingestuft werden.

Das Zertifizierungsaudit gliedert sich in folgende Schritte:

1. Die Einrichtung beantragt das Zertifizierungsverfahren bei einem anerkannten Zertifizierungsinstitut. Voraussetzung ist, dass das Institut für den Bereich der Sozialpädagogik tätig und auch zugelassen (akkreditiert) ist. Die Forderungen an den Qualitätsmanagementsystem-Zertifizierer sind in der Norm EN 17021 festgelegt.

2. Das Zertifizierungsinstitut erhält die Qualitätshandbücher der Einrichtung zur Einsicht und prüft, ob die relevanten Elemente der DIN EN ISO 9001 geregelt sind.

3. Der Auditor prüft vor Ort in einem Gespräch mit der Leitung, ob diese ihre Verantwortung kennt und die im Qualitätsstandard QHS 2.6 „Leitung" formulierten Anforderungen erfüllt. Hier trägt der Leiter der Kita eine besondere Rolle und Verantwortung.

4. Der Auditor vergleicht die im Handbuch dokumentierten Qualitätsstandards mit der Praxis und bespricht mit den Mitarbeitern eventuelle Abweichungen. Dabei zeigt sich in der Praxis immer wieder ein hohes Maß an „overengineering", d. h. es wird häufig zu viel und zu kompliziert geregelt.

5. Die Einrichtung erhält einen Auditbericht, in dem die notwendigen Verbesserungen aufgeführt sind. Es wird ein Termin vereinbart, quasi als Stichtag, an dem die Verbesserungsmaßnahmen realisiert sein müssen.

6. Bei größeren Abweichungen (major) wird in der Regel ein „Nachaudit" vereinbart. Bei geringfügigen Abweichungen (minor) genügt häufig eine schriftliche Bestätigung der Einrichtung, dass die Korrekturen ordnungsgemäß durchgeführt wurden.

7. Liegen keine Abweichungen vor, so erhält die Einrichtung das Zertifikat. Nach drei Jahren erfolgt, bei den meisten Zertifizierungsgesellschaften ein Wiederholungsaudit, um die Qualitätsfähigkeit der Einrichtung erneut zu bestätigen. Nach dieser Zeitspanne ist gut zu erkennen, inwieweit das etablierte QM-System die Einrichtung auf einen positiven Entwicklungspfad geführt hat.

Bei ISO 9001 hat das Zertifikat eine Gültigkeit von drei Jahren, vorausgesetzt, es erfolgt eine jährliche Begutachtung zur Systemförderung (Begutachtung wesentlicher Komponenten des Managementsystems vor Ort). Mit Blick auf eine kontinuierliche Verbesserung und anhaltende Wirksamkeit werden hier Verbesserungspotenziale herausgearbeitet. Nach drei Jahren (vor Ablauf des Zertifikats) ist eine Wiederholungsbegutachtung erforderlich, sofern das Zertifikat aufrecht erhalten werden soll.

8.1 Unterschiedliche Zertifizierungsverfahren

Grundsätzlich sind drei unterschiedliche Verfahren einer Zertifizierung möglich:
- Einzelzertifizierung
- Verbund-/Gruppenzertifizierung und
- Matrixzertifizierung

Bei der **Einzelzertifizierung** wird nur eine einzelne Einrichtung begutachtet. Sie erhält bei erfolgreichem Abschluss ein individuell ausgestelltes Zertifikat. Dieses Verfahren wird meist bei Industriebetrieben angewandt, die keinem Konzern oder ähnlichem angehören.

Bei **Verbund-/Gruppenzertifizierungen** schließen sich mehrere Einrichtungen, unabhängig ob sie dem gleichen Träger angehören oder nicht, zusammen. Voraussetzung ist, dass sie gleiche Qualitätsentwicklungs- und -sicherungsverfahren anwenden, ihre Qualitätshandbücher analog aufbauen und vergleichbare Qualitätsstandards anwenden. Jede Einrichtung wird jedoch unabhängig begutachtet und bekommt ein eigenes Zertifikat. Dieses Verfahren könnte sehr gut bei städtischen Kindertageseinrichtungen angewendet werden bzw. überall dort, wo keine fürs Qualitätsmanagement zuständige zentrale Stelle existiert.

Hinsichtlich der Zertifizierung sind die Kosteneinsparungen eher gering. Jedoch ist bei den Qualitätsentwicklungs- und -planungsprozessen mit erheblichen Einsparungen zu rechnen.

Die **Matrixzertifizierung** erfolgt nach einem Stichprobenverfahren. Teilnehmende Einrichtungen müssen einer zentralen Instanz unterliegen und folgende Voraussetzungen erfüllen:

- Die zentrale Instanz plant, überwacht und leitet die Qualitätsmanagementverfahren
- Die zentrale Instanz ist befugt einzelne und übergreifende Korrekturmaßnahmen einzuführen
- Die zentrale Instanz organisiert und überwacht die internen Audits, die von jeder teilnehmenden Einrichtung jährlich durchgeführt werden müssen. Das Qualitätsmanagementsystem wird nicht von der einzelnen Einrichtung erarbeitet, sondern es wird jeder Einrichtung von der „Zentrale“ zur Verfügung gestellt

Das Matrixverfahren ist das ökonomischste Verfahren, vorausgesetzt eine Zentralstelle für das Qualitätsmanagement, existiert. Üblicherweise wird ein Gesamtzertifikat für alle teilnehmenden Einrichtungen ausgestellt. Es besteht jedoch auch die Möglichkeit, dass einzelnen, teilnehmenden Einrichtungen Teilzertifikate ausgestellt werden.

Erfüllt eine einzelne Einrichtung oder die zentrale Instanz die Kriterien zur Aufrechterhaltung des Zertifikates nicht mehr, so wird dieses der gesamten Einrichtung entzogen. Dies ist eine schwerwiegende Konsequenz, welche dieses Verfahren mit sich bringt. Gegenüber der Verbundzertifizierung reduzieren sich die Kosten durch die Stichprobenvorgehensweise jedoch ganz erheblich. In diesem Fall reduzieren sich nicht nur die Qualitätskosten, sondern in bedeutendem Umfang auch die Zertifizierungskosten.

ZERTIFIKAT

Die

DQS GmbH

Deutsche Gesellschaft zur Zertifizierung von Managementsystemen

bescheinigt hiermit, dass das Unternehmen

Mustermann Hardware und Software GmbH & Co. KG

Musterstraße 1
12345 Musterstadt

ein **Qualitätsmanagementsystem** eingeführt hat und anwendet.

Geltungsbereich:
Entwicklung und Herstellung von Hardware und Software

Durch ein Audit, dokumentiert in einem Bericht, wurde der Nachweis erbracht, dass das Managementsystem die Forderungen des folgenden Regelwerks erfüllt:

ISO 9001 : 2008

Zertifikat-Registrier-Nr. 123456 QM08

Zertifizierungsdatum 2010-01-01

Gültig bis 2012-12-31

TGA-ZM-02-90

Michael Drechsel
Geschäftsführer

Jan Böge
Geschäftsführer

August-Schanz-Straße 21, 60433 Frankfurt am Main

Beispiel eines Musterzertifikates (Quelle: DQS GmbH, Frankfurt a.M., 2010)

8.2 Zertifizierungsgesellschaften

Diese Auflistung stellt einen Auszug prominenter Gesellschaften dar.

- **DQS GmbH** Deutsche Gesellschaft zur Zertifizierung von Managementsystemen August- Schanz-Straße 21, D-60433 Frankfurt/Main
- **EUROPANOZERT** Zertifizierungen und Schulungen GmbH, Neue Schönhauser Str.10, D-10178 Berlin
- **EQ Zert** Institut zur Zertifizierung von Managementsystemen und Personal, Einsteinstraße 59, D-89077 Ulm
- **M-Zert** Zertifizierungsgesellschaft für Managementsysteme GmbH, Waldhofer Straße 192, D-69123 Heidelberg
- **ProCum Cert GmbH** Zertifizierungsgesellschaft, August-Schanz-Straße 21, D-60433 Frankfurt/Main

Beseitige alles, was dem Recht des Mitarbeiters im Wege steht auf seine Arbeit stolz sein zu können.

Deming (Regel 12)

8.3 Anforderungen an die externen Auditoren

Am Beispiel des KTK-Gütesiegels soll exemplarisch gezeigt werden, welche Qualifikationen und Voraussetzungen Auditoren haben müssen, um befugt zu sein, das KTK-Gütesiegel zu auditieren. Dabei ist der erfolgreiche Abschluss einer Schulung zum KTK-Gütesiegel-Multiplikator zwingend notwendig. Voraussetzungen zur Teilnahme sind

- der Schulungsnachweis als Qualitätsbeauftragter bzw. Auditor nach DIN EN ISO 19011.
- eine einjährige aktuelle Tätigkeit als Leiter/Erzieher/ Fortbildungsreferent sowie der
- Nachweis über Teilnahme an KTK-Gütesiegelaudits.

8.4 Unstimmigkeiten bei Zertifizierungsverfahren

Der Verband Katholischer Tageseinrichtungen für Kinder (**KTK**) hat eine Schlichtungsstelle eingerichtet. Sollten bei Zertifizierungsverfahren Reklamationen entstehen, so werden diese dort bearbeitet. Die Besetzung dieser Schlichtungsstelle ist so gewählt, dass eine neutrale, objektive Entscheidung erwartet werden kann. Die Schlichtungsstelle kann sowohl von der Zertifizierungsgesellschaft als auch durch die zu zertifizierende Einrichtung angerufen werden. Ist man mit der Vorgehensweise oder Bewertung nicht einverstanden, so gibt es Möglichkeiten dies abklären zu lassen. Einrichtungen sind dem Verfahren also nicht hilflos ausgeliefert, sondern können dadurch in den Prozess eingreifen.

Häufige Fehler und Probleme bei einer Zertifizierung

- Die Organisation ist nur auf das Zertifikat erpicht. Die Anstrengungen rund um das Qualitätsmanagement werden als notwendiges Übel in Kauf genommen.
- Die Mitarbeiter sind schlecht informiert und nur teilweise mit einbezogen.
- Die Mitarbeiter sind nicht geschult.
- Die Qualitätsziele sind nicht bekannt.
- Die Kontrolle dominiert an Stelle von Prävention.
- Den Mitarbeitern wurde keine Verantwortung übertragen.
- Es existieren keine Strategien zur weiteren Arbeit im Anschluss an die Zertifizierung.
- Das Bewusstsein für die angestrebte Nachhaltigkeit fehlt.

8.5 Aufbau und Bewertungsablauf am Beispiel des KTK- Gütesiegels

Die einleitende bzw. übergeordnete Präambel ist in Kapitel 6.7 „Das KTK-Gütesiegel" auf S. 132 abgebildet.

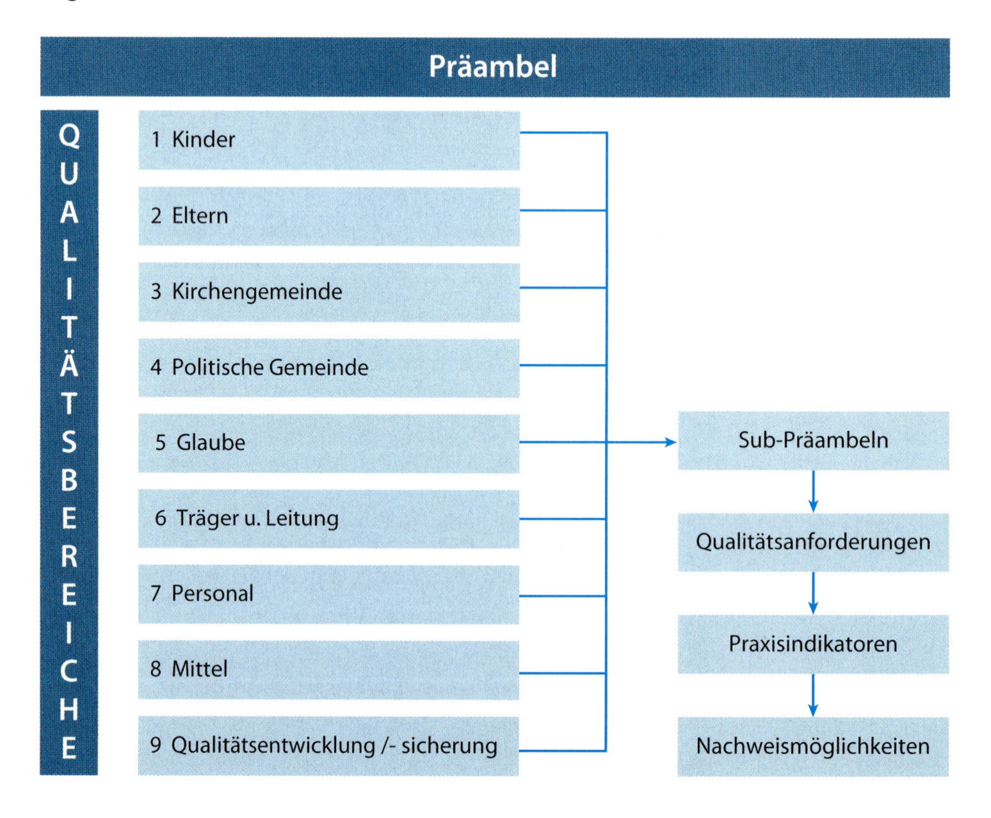

Jeder der neun Qualitätsbereiche hat eine eigene Sub-Präambel, welche in eine oder mehrere Qualitätsanforderungen mündet, und die wiederum durch sogenannte Praxisindikatoren abgeprüft werden können. Der Durchführungsnachweis erfolgt in den aufgeführten Nachweismöglichkeiten. Für jeden der neun Qualitätsbereiche gibt es also jeweils Sub-Präambeln, Qualitätsanforderungen, Praxisindikatoren und zugehörige Nachweismöglichkeiten.

Die jeweilige Sub-Präambel ist in einen Dreierschritt gegliedert, der für jede Sub-Präambel nach demselben dreiphasigen Schema wie im folgenden Beispiel aufgebaut ist:

In katholischen Kindertageseinrichtungen ...

- wird wahrgenommen, dass ...
  - „Wie wird der Qualitätsbereich von Fachleuten gesehen?"
- wird davon ausgegangen, dass ....
  - „hier erfolgt eine theologische Reflexion"
- wird so gehandelt, dass ....
  - „Aussage wie der Qualitätsbereich gelebt werden soll"

Zusammenhang zwischen Qualitätsanforderungen, Praxisindikatoren und Nachweismöglichkeit

Den Sub-Präambeln der einzelnen Qualitätsbereiche werden Qualitätsanforderungen zugeordnet, die durch einen oder mehrere Praxisindikatoren konkretisiert werden. Durch die zugeordneten Nachweismöglichkeiten soll schließlich die Erfüllung der Praxisindikatoren transparent gemacht werden.

Ein Beispiel: Qualitätsbereich 2: Eltern (drei Qualitätsanforderungen und sechs Praxisindikatoren)

- zu (1): Diese Subpräambel wurde in Anlehnung an die Subpräambel des „Verbandes Katholischer Tageseinrichtungen für Kinder" aus dem Jahr 2004 erstellt. Beim Bearbeiten der Sub-Präambel „Eltern" zeigt sich, dass dieses Thema dort bereits lange vor der öffentlichen Diskussion sehr sachlich und zielführend diskutiert wurde, weitgehend unbelastet von politischen Interessen (z. B. Rechtsanspruch jedes Kindes auf einen Kita-Platz, Elterngeld)
- zu (2): In der zugehörigen Qualitätsforderung 1, wird bereits von der Realisierung der individuellen Lebensentwürfe gesprochen.
- zu (3): Anhand der Praxisindikatoren kann festegestellt werden, ob die entsprechenden Qualitätsanforderungen auch realisiert sind.
- zu (4): Die Nachweismöglichkeiten erlauben, dass die Realisierung mithilfe der aufgeführten Dokumente nachgewiesen werden kann.

Beispiel zu Seite 155:

Sub–Präambel 2: Eltern

In kath. Kindertageseinrichtungen ***(1)***
.....wird wahrgenommen,
dass sich die Formen des familiären Lebens verändern und in vielen Familien Eltern berufstätig sind. Aufgrund dieses familiären Wandels reichen die Angebote vieler Kita nicht mehr aus und müssen dem differenzierten Bedarf angepasst werden. Darüber hinaus ist festzustellen, dass viele Eltern die Rolle von Kunden einnehmen. Sie vergleichen die Angebote der Kitas und prüfen, welche Einrichtung ihrem Bedarf am ehesten entgegenkommt. Auch stellen die pädagogischen Mitarbeiter fest, dass viele Eltern in Fragen der Erziehung ihrer Kinder Unterstützung brauchen.

.....wird davon ausgegangen,
dass Eltern ihre Verantwortung für ihre Kinder ernst nehmen. Sie werden von den pädagogischen Mitarbeiter in katholischen Kitas als Experten der Erziehung ihrer Kinder anerkannt und wertgeschätzt. Um Eltern bei der Umsetzung ihrer vielfältigen Lebensentwürfe zu unterstützen, zeigen katholische Kitas sich mit den Familien solidarisch.

....wird so gehandelt,
dass Eltern die Arbeit der pädagogischen Mitarbeiter für sich als Unterstützung, Entlastung und Bereicherung erleben. In diesem Sinn werden Eltern in die Entwicklung der Angebote der Kita umfassend einbezogen. Katholische Kitas werden so zu einem Ort christlicher Erziehung und christlicher Gemeinschaft.

Qualitätsanforderung 3

Qualitätsanforderung 2

Qualitätsanforderung 1

Kath. Kindertageseinrichtungen bieten eine Dienstleist. für Eltern. **(2)**
Katholische Kitas zeichnen sich dadurch aus, dass sie innovative, marktgerechte und damit für Eltern bereichernde Angebote bereithalten. In diesem Sinn trägt die Arbeit der pädagogischen Mitarbeiter dazu bei, dass Eltern ihre individuellen Lebensentwürfe realisieren können. Dabei ist es selbstverständlich, dass sie sich von den pädagogischen Mitarbeitern und den Rechtsträgern erst genommen und respektiert fühlen.

Praxisindikatoren: (3)
In katholischen Kindertageseinrichtungen:

- werden Eltern als Experten der Erziehung ihrer Kinder anerkannt und erhalten in erzieherischen Fragen Unterstützung, wenn sie diese brauchen und wünschen.
- Werden Eltern als Kunden respektiert, die berechtigte Erwartungen an das Angebot der Einrichtung haben.
- Ist es den Eltern möglich, sich in allen Belangen vertrauensvoll an die pädagogischen Mitarbeiter zu wenden.
- Es folgen weitere drei Praxisindikatoren!

Nachweismöglichkeiten: ***(4)***
- Leitziele, die den familienbereichernden Auftrag näher beschreiben.
- Schriftliche Vereinbarungen, die den Kontakt mit den Eltern in unter schiedlichsten Situationen zu deren Zufriedenheit regeln
- Liste von Angeboten /Netzwerkpartnern
- Ablaufbeschreibungen

Bewertungsmaßstab

- Das Gütesiegel ist erfolgreich bestanden, wenn alle **neun Qualitätsbereiche** erfüllt sind.
- Ein Qualitätsbereich wird nachgewiesen, wenn alle darin enthaltenen **Qualitätsforderungen** erfüllt sind. Pro Qualitätsbereich existieren bis zu vier Qualitätsanforderungen.
- Eine Qualitätsanforderung ist dann erfüllt, wenn alle gemäß DIN EN ISO relevanten **Praxisindikatoren** der jeweiligen Anforderungen umgesetzt sind.
- Ein Praxisindikator, der für die Zertifizierung nach DIN EN ISO relevant ist, ist in der KTK-Ausführung mit „*" gekennzeichnet.
- Hinsichtlich der DIN EN ISO-Praxisindikatoren können keine Kompromisse eingegangen werden, es müssen ALLE Praxisindikatoren umgesetzt sein.
- Gleichzeitig müssen mindestens **50 %** der Praxisindikatoren einer jeden Qualitätsanforderung erfüllt sein.
- Hinsichtlich der darüber hinausgehenden einrichtungseigenen Praxisindikatoren gilt die 50 %-Regelung.
- Ein Praxisindikator gilt dann als erfüllt, wenn in diesem die einzelnen Phasen des **PCDA-Zyklus** berücksichtigt sind.

Beispiel 1:

Praxisindikator	P lan	D o	C heck	A ct	
1.	o.k.	o.k.	o.k.	o.k.	erfüllt!
2. „*"	-	o.k.	-	-	nicht erfüllt!
3.	o.k.	o.k.	o.k.	o.k.	erfüllt!!

Anforderung gilt insgesamt als nicht erfüllt, da der DIN EN ISO relevante Praxisindikator zwei nicht erfüllt ist, obwohl insgesamt 50 % der Praxisindikatoren erfüllt sind.

Beispiel 2:

Praxisindikator	P	D	C	A	
1.	-	o.k.	-	-	nicht erfüllt!
2. „*"	o.k.	o.k.	o.k.	o.k.	erfüllt!
3.	o.k.	o.k.	o.k.	o.k.	erfüllt!!

Die Anforderung ist erfüllt, da der DIN EN ISO relevante Praxisfaktor 2 erfüllt ist. Außerdem sind 50 % der einrichtungseigenen Praxisindikatoren erfüllt.

Zwei identische Bewertungsbeispiele mit unterschiedlichem Erfüllungsgrad führen einmal zu „nicht erfüllt" und einmal zu „erfüllt", je nachdem ob der DIN EN ISO relevante Praxisindikator erfüllt ist oder nicht. Sie haben direkten Einfluss auf das Zertifikat.

Qualitätsbereiche Anforderungen	Anzahl vorhandener Praxisindikatoren	Mindestanzahl gemäß 50 %-Regel	Anzahl isorelevanter Praxisindikatoren	zusätzlich erfüllende Praxisindikatoren	insgesamt zu erfüllende Praxisindikatoren
Kinder Anforderung 1	12	6	5	1	6
Anforderung 2	8	4	4	—	4
Anforderung 3	6	3	4	—	4
Anforderung 4	3	2	1	1	2
Eltern Anforderung 1	6	3	3	—	3
Anforderung 2	5	3	4	—	4
Anforderung 3	5	3	4	—	4
Kirchengemeinde Anforderung 1	5	3	—	3	3
Anforderung 2	5	3	—	3	3
Anforderung 3	5	3	—	3	3
Politische Gemeinde Anforderung	2	1	1	—	1
Glaube Anforderung 1	4	2	—	2	2
Anforderung 2	8	4	—	4	4
Anforderung 3	4	2	—	2	2
Träger und Leitung Anforderung 1	4	2	4	—	4
Anforderung 2	3	2	1	1	2
Anforderung 3	14	7	10	—	10
Anforderung 4	12	6	9	—	9
Personal Anforderung 1	6	3	5	—	5
Anforderung 2	3	2	2	—	2
Anforderung 3	5	3	2	1	3
Anforderung 4	3	2	1	1	2
Mittel Anforderung 1	8	4	4	—	4
Anforderung 2	4	2	4	—	4
Anforderung 3	6	3	6	—	6
Qualitätsentwicklung und Qualitätssicherung Anforderung 1	9	5	8	—	8
Anforderung 2	4	2	4	—	4
Anforderung 3	6	3	6	—	6
Anforderung 4	6	3	6	—	6
Insgesamt	171	91	99	22	121

Das Schaubild bietet eine Gesamtübersicht über alle neun Qualitätsbereiche, Qualitätsanforderungen und Praxisindikatoren und den Umfang, in welchem diese zu erfüllen sind.
(Verband Katholischer Tageseinrichtungen für Kinder (KTK) – Bundesverband e.V., 2004)

8.6 Zertifizierung pädagogischer Konzepte

Aufgezeigt am Beispiel des Montessori Qualitäts-Siegels (MQS).

Der Bildungsauftrag für Kindertagesstätten musste nach Einführung der neuen Bildungspläne bzw. Orientierungspläne durch die einzelnen Bundesländer nicht neu definiert werden. Die neuen Bildungspläne beinhalten wichtige Aspekte unterschiedlicher pädagogischer wie auch reformpädagogischer Konzepte. Stellvertretend können folgende genannt werden:

- Fröbel
- Montessori
- Waldorfpädagogik
- Freinet
- Reggio-Pädagogik
- Situationsansatz

Exemplarisch wird im Folgenden das Montessori Qualitäts-Siegel (MQS) vorgestellt.

Das Montessori Qualitäts-Siegel (MQS) ist ein Verfahren zur kontinuierlichen Verbesserung der Montessori-Standards auf der Grundlage der Montessori-Pädagogik. Die Unterlagen, die angeboten werden, eignen sich sowohl für die Durchführung einer Selbstevaluation wie auch für eine Fremdevaluation durch externe Gutachter. Das MQS-Gutachterverfahren steht weder in Konkurrenz mit anderen Verfahren, noch will es als Ersatz für ein trägerspezifisches Verfahren zur Einführung und Zertifizierung eines Qualitätsmanagementsystems gelten, sondern kann dieses nach den Ausführungen der Deutschen Montessori Gesellschaft (DMG) „auf fachlicher Basis qualifiziert ergänzen".

Entscheidet sich eine Einrichtung für das Gutachterverfahren (Zertifizierung) so werden die qualitativen und quantitativen Voraussetzungen der Montessori-Pädagogik entweder in einzelnen Gruppen oder auch in der gesamten Einrichtung auf ihre bereits vorhandenen Stärken sowie Verbesserungsmöglichkeiten hin überprüft. Erhält eine Gruppe oder Einrichtung das MQS, so wird sie in die Liste der anerkannten Montessori Einrichtungen aufgenommen und darf sich fortan Montessori-Kinderhaus nennen. Leider ist die Bezeichnung Montessori-Kinderhaus kein geschützter Begriff, sodass mit dieser Benennung nicht automatisch die Verleihung des Gütesiegels einhergehen muss. Das Zertifikat wird für zwei bis maximal drei Jahre verliehen und muss durch eine erneute Begutachtung, entsprechend der Erstbegutachtung immer wieder beantragt werden. Voraussetzung für das Zertifizierungsverfahren – also die Fremdevaluation – ist das bestandene Montessori-Diplom mindestens einer pädagogischen Fachkraft.

Das Montessori Qualitäts-Siegel umfasst folgende Inhaltsstruktur:

- **Organisation**
  - Freie Wahl der Arbeit
  - Gruppenstruktur
  - Basisliste der Montessori-Materialien
  - Vorbereitete Umgebung: äußere Räume
  - Gruppenregeln

- **Pädagogische Fachkraft**
  - Qualifikation

- **Zusammenarbeit mit den Eltern**
- **Kinder**
  - Sensible Phasen
  - Entwicklungsstufen der Selbsttätigkeit
  - Polarisation der Aufmerksamkeit

- **Innere Räume, Anordnung der Materialien, Tagesablauf**
  - Vorbereitete Umgebung: Innere Räume
  - Vorbereitete Umgebung: Art und Anordnung der Gruppenmaterialien
  - Tagesablauf

- **Pädagogische Fachkraft**
  - Persönlichkeit und Verhalten

- **Sichtbare Wirkungen der Montessori-Arbeit, Begutachtungsbereich**:
  - Selbstständigkeit
  - Selbstdisziplin
  - Arbeitsrhythmus
  - Konzentration
  - Sozialer Umgang
  - Konfliktlösung
  - Intrinsische Motivation
  - Eigenständiges Inarbeitkommen
  - Neugierde
  - Ruhe
  - Atmosphäre
  - Insdenkenkommen
  - Umgang miteinander verbal/nonverbal

Fazit
Die neuen Bildungsprogramme stellen für sich genommen kein vollständiges pädagogisches Konzept dar. Diese Programme beschränken sich im Wesentlichen auf die Festlegung verbindlicher Qualitätsstandards, die für alle Träger und alle Einrichtungen gelten sollen. Die weiterführende Aufgabe, nämlich die Bildungsprozesse in ihrem inneren Zusammenhang zu begreifen, zu unterstützen und herauszufordern muss weiterhin auf der Grundlage der pädagogischer Konzepte wie Montessori, Waldorf, Situationsansatz etc. erfolgen.

Zeigt sich eine Einrichtung offen für die Einführung z. B. der Montessori Pädagogik, so bietet sich hier eine exzellente Möglichkeit auf der Basis der Selbstevaluation (geringe Kosten) zu überprüfen, inwieweit in der Einrichtung die qualitativen Voraussetzungen für eine hochwertige und kindgerechte Erziehungsarbeit auf der Grundlage der Montessori-Pädagogik bereits vorhanden sind.

Weiterbildungsprogramme für alle Mitarbeiter sind die grundsätzliche Voraussetzung für die kontinuierliche Qualitätsverbesserung.

Deming (Regel 13)

Aufgaben

1. *Nennen Sie Vor- und Nachteile einer Zertifizierung.*
   In welche Schritte gliedert sich ein Zertifizierungsaudit?

2. *Bei einem Zertifizierungsverfahren können unterschiedliche Vorgehensweisen gewählt werden:*
   - *Einzelzertifizierung*
   - *Verbund-/Gruppenzertifizierung und*
   - *Matrixzertifizierung*

   Zeigen Sie wesentliche Aspekte jeder Möglichkeit sowie zentrale Unterschiede auf.

3. *Im vorausgehenden Text wurde mit dem KTK-Gütesiegel ein trägerspezifisches Verfahren und mit dem Montessori Qualitäts-Siegel (MQS) ein Verfahren zur Zertifizierung bzw. Selbstevaluation, basierend auf Montessoris Reformpädagogik, vorgestellt. Vergleichen Sie beide Verfahren zur Zertifizierung. Hinsichtlich welcher Aspekte ergänzen sich beide Verfahren und wo können Sie Widersprüchlichkeiten finden?*

4. *Recherchieren Sie nach weiteren spezifischen Möglichkeiten, pädagogische Konzepte (z. B. Waldorf, Reggio, Kneipp, Waldkindergarten) zu zertifizieren.*
   Stellen Sie die gefundenen Verfahren kurz dar.
   Für welche pädagogischen Konzepte können Sie keine speziellen Verfahren finden? Welche Möglichkeit gäbe es für diese, eine Zertifizierung zu erlangen?

Literaturverzeichnis

Altgeld, Karin/Stöbe-Blossey, Sybille (Hrsg.): Qualitätsmanagement in der frühkindlichen Bildung, Betreuung und Erziehung - Perspektiven für eine öffentliche Qualitätspolitik, 1. Aufl., Wiesbaden: VS Verlag für Sozialwissenschaften, 2009.

Amerein, Bärbel/Schuller, Stefanie/Köster, Hilde: Qualität in Kindertageseinrichtungen – eine Studie, Schwäbisch Gmünd, in Vorbereitung.

Arbeiterwohlfahrt Bundesverband e.V. (Hrsg.): Qualitätsentwicklung in Tageseinrichtungen für Kinder. Grundlagen, Ziele und Standards, Bonn, 2000.

Arbeiterwohlfahrt Bundesverband e.V. (Hrsg.): Qualitätsmanagement. Muster-Qualitätsmanagement-Handbuch. Tageseinrichtungen für Kinder. Leitfaden, Bonn, 2003.

Berger, Florentine: Diplomarbeit zur Einschätzung der Genauigkeit der Kinderpädagogin in Abhängig vom Erzieher-Kind-Schlüssel, 2008. Online im Internet: http://othes.univie.ac.at/2846/1/2008-10-20_9405259.pdf (26.06.2010).

Bertelsmann Stiftung (Hrsg.): Kinder mit Migrationshintergrund besuchen noch zu selten eine Kita, 2010. Online im Internet: www.bertelsmann-stiftung.de/cps/rde/xchg/bst/hs.xsl/nachrichten_99330.htm (2.05.2010).

Boeßenecker, Karl-Heinz: Qualitätskonzepte in der Sozialen Arbeit. Eine Orientierung für Ausbildung, Studium und Praxis, Weinheim/Basel. Beltz Verlag, 2003.

Bundesministerium für Familie, Senioren, Frauen und Jugend. Das Tagesbetreuungsausbaugesetz (TAG). Online im Internet: www.bmfsfj.de/RedaktionBMFSFJ/Broschuerenstelle/Pdf-Anlagen/Tagesbetreuungsausbaugesetz-TAG,property=pdf,bereich=bmfsfj,sprache=de,rwb=true.pdf (03.08.2010).

Bundesvereinigung Evangelischer Tageseinrichtungen für Kinder e.V., Diakonisches Institut für Qualitätsmanagement und Forschung gGmbH (Hrsg.): Bundes-Rahmenhandbuch Qualitätsmanagement für Evangelische Kindertageseinrichtungen – ein Leitfaden für Qualitätsentwicklung, Berlin, 2002.

Deutsche Gesellschaft für Qualität (Hrsg.): QFD – Quality Function Deployment, DGQ-Band 13-21, Frankfurt: Beuth Verlag, 2001.

Diller, Angelika: Der Streit ums Gütesiegel: Qualitätskonzepte für Kindertageseinrichtungen, München: Verlag Deutsches Jugendinstitut, 2005.

Dohmen, Dieter: Kosten und Nutzen eines Gütesiegels im Kita-Bereich, in: Der Streit ums Gütesiegel-Qualitätskonzepte für Kindertageseinrichtungen, hrsg. v. Angelika Diller/ Hans Rudolf Leu/Thomas Rauschenbach, München: Verlag Deutsches Jugendinstitut, 2005, S. 68-105.

Dohmen, Dieter: Kosten und Nutzen eines Gütesiegels für Qualität, in: Qualitätsmanagement in der frühkindlichen Bildung, Erziehung und Betreuung-Perspektiven für eine öffentliche Qualitätspolitik, hrsg. v. Karin Altgeld/Sybille Stöbe-Blossey, Wiesbaden: VS Verlag für Sozialwissenschaften, 2009, S. 21-42.

Donabedian, Avedis: Exploration in Quality Assessment and Monitoring. Vol II, in: The Criteria and Standards of Quality, Health Administration: Ann Arbor, Michigan, 1982.

Erath, Peter: Von der Konzeption zum Qualitätshandbuch, München: Don Bosco, 2001.

Erath, Peter/Ambergen, Claudia: Das KitaManagementKonzept, Freiburg: Herder, 2000.

Esch, Karin/Klaudy, Elke-Katharina/Micheel, Brigitte/Stöbe-Bloosey, Sybille: Qualitätskonzepte in der Kindertagesbetreuung – Ein Überblick, Wiesbaden: VS Verlag für Sozialwissenschaften, 2006.

Fthenakis, Wassilios Emmanuel/Hanssen, Kirsten/Oberhuemer, Pamela/Schreyer, Inge (Hrsg): Träger zeigen Profil – Qualitätshandbuch für Träger von Kindertageseinrichtungen, Ergebnisse der Nationalen Qualitätsinitiative im System der Tageseinrichtungen für Kinder, Weinheim/Basel/Berlin: Beltz. 2003.

Fthenakis, Wassilios Emmanuel: Wie zeitgemäß ist unsere Erziehung? - Veränderte Lebenswelten von Kindern und deren Konsequenzen für die Qualität von Tagesbetreuung, 1998. Online im Internet: www.liga-kind.de/fruehe/398_fthen.php (31.05.2010).

Fthenakis, Wassilios Emmanuel: Erziehungsqualität - Operationalisierung, empirische Überprüfung und Messung eines Konstrukts. in: Qualität von Kinderbetreuung - Konzepte, Forschungsergebnisse, internationaler Vergleich, hrsg. v. Wassilios Emmanuel Fthenakis/ Martin R. Textor, Weinheim/Basel: Beltz Verlag, 1998, S. 52-75.

Grochla, Nadine: Qualität und Bildung - Eine Analyse des wissenschaftlichen Diskurses in der Frühpädagogik, Berlin: LIT Verlag, 2008.

Honig, Michael Sebastian/Joos, Magdalena/Schreiber, Norbert: Was ist ein guter Kindergarten? - theoretische und empirische Analysen zum Qualitätsbegriff in der Pädagogik, Weinheim: Juventa Verlag, 2004.

Krenz, Armin: Qualitätssicherung in Kindertagesstätten. Kieler Instrumentarium für Elementarpädagogik und Leistungsqualität - K.I.E.L., Ernst Reinhardt Verlag, München, 2001.

Kronberger Kreis für Qualitätsentwicklung in Kindertagesstätten: Qualität im Dialog entwickeln: Wie Kindertagesstätten besser werden, Seelze: Velber, 1998.

Kruthaup, Bärbel: Qualität in der institutionellen Elementarpädagogik- ein beliebiges Konstrukt? - Eine kritische-theoretische Diskussion der gegenwärtigen Qualitätskriterien und angestrebten Standardisierung, Münster: LIT Verlag, 2004.

Küls, Holger/Moh, Petra/Pohl, Menninga: Lernfelder Sozialpädagogik, Troisdorf: Bildungsverlag EINS, 2004.

Lorbeer, Dietrich Andreas: Kundenorientierung in der Schule?- Zur innovativen Reichweite einer Übertragung der Kundenorientierung im Rahmen des Total Quality Management in den Schulbereich, Bergisch Gladbach: Thomas Hobein, 1999.

Masing, Walter (Hrsg.): Handbuch Qualitätsmanagement, München/Wien: Carl Hanser, 1999.

Ministerium für Kultus, Jugend und Sport Baden-Württemberg (Hrsg.): Orientierungsplan für Bildung und Erziehung für die baden-württembergischen Kindergärten-Pilotphase. Berlin/Düsseldorf/Mannheim, Cornelsen Verlag Scriptor, 2007.

Münzenloher, Inge: Qualitätsmanagement in der Kita – Umsetzung der DIN EN ISO 9000 in Kindertageseinrichtungen, Köln: Stam, 2001.

Nordt, Gabriele: Methodenkoffer zur Qualitätsentwicklung in Tageseinrichtungen für Schul- und Vorschulkinder, Weinheim/Basel: Beltz, 2005.

PädQuis (Pädagogische Qualitäts-Informations-Systeme gGmbH): Trainingsseminar zur Anwendung der Kindergartenskala (KES-R), 2005. Online im Internet: www.paedquis.de/cmain/kesr_kurs (08.12.2009).

Paritätische Gesellschaft für Qualität mbH: Das PÄRITÄTISCHE Qualitätssystem, 2005. Online im Internet: www.pq_sys.de/download/PQ-System%202005.pdf (08.12.2009).

Reschke, Steffen: Diplomarbeit zur Qualitätsbestimmung und Qualitätssicherung in Kindertageseinrichtungen am Beispiel einer empirischen Studie in der Stadt Halle, 2001. Online im Internet: www.soziologie.uni-halle.de/archiv/diplom/2001-reschke-kindertageseinrichtungen.pdf (28.05.2010).

Roux, Susanna: Wie sehen Kinder ihren Kindergarten - theoretische und empirische Befunde zur Qualität von Kindertagesstätten, Weinheim/München: Juventa Verlag, 2002.

Schütrumpf, Eckart: Die Analyse der Polis durch Aristoteles, Amsterdam: B.R. Grüner, 1980.

Schuller, Stefanie: Qualität in Kindertageseinrichtungen. Unveröffentlichte Bachelorarbeit zur Erlangung des akademischen Grades Bachelor of Arts (B.A.) an der Pädagogischen Hochschule Schwäbisch Gmünd, 2010.

Sozialgesetzbuch (SGB) VIII (Kinder- & Jugendhilfegesetz). Online im Internet: www.sozialgesetzbuch-sgb.de/sgbviii/65.html (16.07.2010).

Textor, Martin R. (Hrsg.): Qualität in Kindertageseinrichtungen. Beschlossen in der 88. Arbeitstagung vom 3.-5.05.2000 in Halle/Saale, 2000. Online im Internet: www.kindergartenpaedagogik.de/78.html (19.05.2010).

Textor, Martin R. (Hrsg.): Welche Qualität hat eine Kindertageseinrichtung? Gütesiegel für Kindertageseinrichtungen werden entwickelt, um gute Qualität für Kindertageseinrichtungen sichtbar zu machen, in Kita aktuell NRW, 3/2007, S. 56-59.

Theresia-Gerhardinger-Haus mit Kinderkrippe, Kindergarten, Schülerhort (Hrsg.): Konzeption. Neuburg vorm Wald, 2010.

Tietze, Wolfgang (Hrsg.): Wie gut sind unsere Kindergärten? Eine Untersuchung zur pädagogischen Qualität in deutschen Kindergärten. Neuwied/Kriftel/Berlin: Luchterhand Verlag, 1998.

Tietze, Wolfgang/Schuster, Käthe-Maria/Grenner, Katja/Rossbach, Hans-Günter: Kindergarten-Skala. Revidierte Fassung (KES-R). Deutsche Fassung der Early Childhood Environment Rating Scale von Thelma Harms/Richard M. Clifford/Debby Cryer, Neuwied/ Berlin: Luchterhand, 2001.

Tietze, Wolfgang/Viernickel, Susanne (Hrsg.): Pädagogische Qualität in Tageseinrichtungen für Kinder – ein nationaler Kriterienkatalog, Weinheim/Basel: Beltz, 2003.

Tietze, Wolfgang (Hrsg.): Pädagogische Qualität entwickeln – Praktische Anleitung und Methodenbausteine für Bildung, Betreuung und Erziehung in Tageseinrichtungen für Kinder von 0-6 Jahren, Weinheim/Basel: Beltz, 2004.

Tietze, Wolfgang/Förster, Charis: Allgemeines pädagogisches Gütesiegel für Kindertageseinrichtungen, in: Der Streit ums Gütesiegel-Qualitätskonzepte für Kindertageseinrichtungen, hrsg. v. Angelika Diller/Hans Rudolf Leu/Thomas Rauschenbach, München: Verlag Deutsches Jugendinstitut, 2005.

Tietze, Wolfgang/Schuster, Käthe-Maria/Grenner, Katja/Rossbach, Hans-Günter: Kindergarten-Skala. Revidierte Fassung (KES-R). Feststellung und Unterstützung pädagogischer Qualität in Kindergärten, Weinheim/Basel: Beltz, 2005.

UNICEF (Hrsg.): Gleiche Chancen fangen bei den jüngsten Kindern an, 2008. Online im Internet: www.unicef.de/fileadmin/content_media/press/Report_card_08_child_care_Transition/UNICÉF_Info_RC8_Kinderbetrenung_OECD-Laender.pdf (19.11.2010).

Verband Katholischer Tageseinrichtungen für Kinder (KTK) – Bundesverband e.V. (Hrsg.): KTK-Gütesiegel, Freiburg, 2004.

Wunderlich, Theresia/Flaig, Werner/Jansen, Frank: Starke Aussichten. Qualitätsmanagement in katholischen Kindertageseinrichtungen, Freiburg: Verband Katholischer Tageseinrichtungen für Kinder (KTK) – Bundesverband e. V., 2001.

Zollondz, Hans D. (Hrsg.): Grundlagen Qualitätsmanagement – Einführung in Geschichte, Begriffe, Systeme und Konzepte, München/Wien: Oldenbourg Verlag, 2002.

Zsifkovits, Helmut (Hrsg.): Total Quality Management (TQM) als Strategie im internationalen Wettbewerb, Köln: Verlag TÜV Rheinland, 1992.

Definiere deutlich die dauerhafte Verpflichtung des gesamten Managements zur ständigen Verbesserung von Qualität und Dienstleistung.

Deming (Regel 14)

Bildquellenverzeichnis

© Fotolia.com: S. 9

© Bärbel Amerein, Aalen: S. 10, 12 (2x), 16, 20, 21, 35, 37, 40, 41, 76, 86, 120

© Bildungsverlag EINS, Köln/Björn Hänssler-bopicture: S. 22, 148

© Fotolia.com/Alexei Kireev: S. 32

© Bildungsverlag EINS, Köln/Christian Schlüter, Essen: S. 39, 59

© picture-alliance/Carmen Jaspersen: S. 51

© Fotoli.com/Brebca: S. 63

© Bildungsverlag EINS, Köln/Nadine Dilly, Bottrop: S. 75, 101, 132

© MEV Verlag, Augsburg: 113

© Fotolia.com/Falko Matte: S. 134

Sachwortverzeichnis

Q

R

S